SUR

SAINT-DOMINGUE,

ET DES MOYENS

DE LE RÉTABLIR.

~~~~~~
~~~~~~

SUR

SAINT-DOMINGUE,

ET DES MOYENS

DE LE RÉTABLIR.

PAR J. B. D.

PARIS,

J. G. DENTU, IMPRIMEUR-LIBRAIRE,
Rue du Pont de Lodi, n° 3, près le Pont-Neuf.
1814.

AVERTISSEMENT.

J'ENTREPRENDS une tâche bien difficile, celle d'écrire sur Saint-Domingue; tant de bruits contradictoires circulent à la fois, que l'on ne sait à quoi s'en tenir sur les évènemens les plus importans, de même que sur l'état actuel de sa population et de sa culture.

Les uns disent qu'il ne reste presque plus personne; d'autres, que la population n'est pas sensiblement diminuée, excepté parmi les blancs, qui n'y sont plus qu'au nombre de 12 à 13 mille, et que les Noirs peuvent armer 40 à 50 mille hommes.

A travers cette incertitude, je suis parti de ce que j'ai vu, de ce que j'ai su, pour établir les présomptions les plus vraisemblables.

J'ai encore vu Saint-Domingue il y a quatre ans; la guerre civile depuis cette époque n'a pas cessé d'y continuer ses ravages; il ne m'a pas semblé possible que son état se soit amélioré depuis : j'ai donc dû naturellement en parler d'une manière conforme à ce que j'ai vu et à ce que j'ai su.

Les uns disent que Péthion et Christophe sont réunis pour défendre l'île d'une invasion.

Cela est possible, mais n'empêche pas que jamais il ne puisse exister de paix durable entre les Noirs et les gens de couleur, ni que Péthion ne soit également disposé à traiter avec la France à des conditions raisonnables. On disait, il y a quelques jours, qu'il avait arboré le pavillon du Roi, et qu'il avait perdu par cette mesure une partie des siens : c'est sur cette version que j'ai travaillé. Mais, quelle que soit la vérité, aucune de mes idées pour le rétablissement de Saint-Domingue n'en sera moins bonne; et, pour prouver mon intime conviction à cet égard, je m'offre à l'aller vérifier moi-même.

J'ai, dans d'autres temps, réussi à effectuer des choses à peu près analogues, et qu'on croyait généralement très-difficiles.

Je sais bien que Pelletier, agent de Christophe à Londres, lui a fait passer l'avis que l'on allait armer en France contre Saint-Domingue : je sais bien encore qu'il serait possible que, dans cette frayeur, Péthion et Christophe se fussent rapprochés momentanément. Mais cet incident, vrai ou faux, ne change rien à mes projets pour le rétablissement de Saint-

Domingue ; ils sont basés sur des passions qui existeront, jusqu'à la fin, dans le cœur des possesseurs actuels de l'île, et sur l'intérêt général de tous les partis ensemble, et de chacun en particulier.

Beaucoup d'auteurs ont écrit sur Saint-Domingue. Je ne balance pas à croire que mon ouvrage n'ait sur une partie des leurs ce grand avantage d'être court, de dire la vérité sans passion et sans intérêt, de présenter avec ordre une suite de faits et de raisonnemens qui amènent à la connaissance de l'état des choses, et enfin de proposer un plan raisonnable pour opérer son rétablissement.

Les idées et les moyens que j'emploie sont neufs, à la vérité, mais ils n'en sont pas moins efficaces. Ceux qui sont habitués aux idées de leurs pères, et qui repoussent toute innovation commandée par les circonstances, ne m'entendront même pas ; mais ceux qui voudront me comprendre seront presque tous de mon avis.

SUR
SAINT-DOMINGUE,
ET DES MOYENS
DE LE RÉTABLIR.

PREMIÈRE PARTIE.

L'ÎLE de Saint-Domingue était, avant notre révolution, la plus belle et la plus riche colonie de l'univers. Son sol fertile, son climat toujours égal en assuraient à-la-fois l'opulence et la salubrité (1).

On l'accusait à tort d'être malsaine. L'intem-

---

(1) Saint-Domingne est situé entre le 17ᵉ et 20ᵉ degré de latitude nord, et s'étend en longueur du 70ᵉ au 77ᵉ. Il est susceptible de produire, outre ses cultures connues, le poivre, la canelle, le gérofle, la muscade, l'arbre à pain, le manguier, le nopal et la cochenille, enfin toutes les productions de la zone torride dans les deux Indes.

Il n'y existe aucune bête féroce, aucun animal dangereux, excepté l'araignée rouge et l'araignée crabe. La mer et les rivières y abondent en excellens poissons; et toutes les productions, excepté le mancenillier qui empoisonne, sont également saines et agréables.

pérance de ceux qui arrivaient nouvellement d'Europe avec une jeunesse bouillante et des sens avides, en moissonnait environ un tiers dans la première année de leur séjour; et la tradition imputait injustement au climat ce qui n'était que le résultat de la brusque transition d'une manière de vivre modérée, à l'abus frénétique de toutes les jouissances.

Entourée d'une mer tranquille, découpée de baies profondes, on y trouvait des ports sûrs, des hâvres commodes, et souvent une côte facile qui rendait l'exploitation par mer aussi prompte que peu dispendieuse.

Ça et là, des plaines couvertes de riches habitations s'élevaient en amphithéâtre du bord de la mer, jusqu'au pied des mornes qui leur servaient comme de limites; plus loin, des rochers de forme imposante et gigantesque s'élevaient à pic, et présentaient à l'œil effrayé du navigateur une longue étendue de côtes inabordables, où les flots venaient se briser comme au pied d'une muraille inaccessible.

Quelques petites îles, couvertes de forêts, de myrtes, de campêches et d'orangers, semblaient jetées çà et là par la nature pour la défendre contre les vagues de la haute mer, et coupaient agréablement l'uniformité de l'Océan.

L'intérieur, couronné de hautes montagnes dans le sein desquelles la nature avait renfermé des trésors, offrait à l'œil des sites pittoresques, des forêts immenses de bois précieux, et versait sur les plaines dont elles étaient entrecoupées, des fleuves, des ruisseaux et des fontaines nombreuses qui, recueillis dans leur course incertaine, et dirigés par la main de l'industrie, venaient former des lacs, des réservoirs, et assurer la prospérité de la culture et du commerce, en servant à faire mouvoir les usines, et à vivifier par l'arrosage la plus grande partie des plantations.

A l'approche du vaisseau qui transportait, pour la première fois un habitant d'Europe dans cette belle contrée, elle offrait à ses yeux étonnés l'image la plus parfaite de l'Eden.

Un ciel pur, une atmosphère embaumée par les parfums des forêts toujours fleuries, rafraîchie par les brises régulières qui se succédaient sans interruption, transportait l'imagination au milieu des jardins d'Alcine ou de l'île enchantée de Calypso.

La vue de ces montagnes majestueuses, qui semblaient annoncer au loin la pompe et la richesse d'un vaste empire, frappait d'admiration l'esprit du voyageur, et le préparait à l'extase où il tombait en voyant successivement se dérouler devant lui les miracles d'une nature nouvelle, enrichie de tout le luxe de la création.

En débarquant, les plaisirs, l'activité, l'opulence, le bonheur semblaient se presser autour de lui, et conspirer avec la nature pour lui faire oublier son ancienne patrie, et l'attacher pour jamais aux lieux où son esprit et ses sens étaient enchantés.

O la plus riche et la plus belle possession de la France, tes malheurs ont égalé ta splendeur passée!......... S'il est au pouvoir d'un mortel de t'arracher au génie de la destruction qui déchire encore tes entrailles fumantes, espère...! Le généreux Monarque qui a reconquis les destinées de la France, porte aussi les tiennes dans son cœur; il saigne cruellement en pensant à tes infortunes; il promène avec douleur ses regards sur tes plaines jadis peuplées, maintenant désertes; autrefois la patrie de l'abondance et de la fertilité, aujourd'hui livrées à la famine et au désespoir!

Ta population a disparu sous le fer des discordes intestines, tes palais ont été détruits, tes villes livrées aux flammes, tes habitans massacrés, et le peu d'êtres infortunés qui existe encore sur ton sol imprégné du sang de tant de victimes, livré à la rage des furies, poursuit dans son aveuglement cette carrière de crimes, de meurtres et de dévastations, comme s'il eût reçu des destinées l'ordre du massacre général de l'espèce humaine, et qu'il ne dût rester enfin de vivant sur cette terre proscrite que le dernier assassin.

Mais que dis-je! et n'est-ce point outrager cette Providence, qui dispose à son gré de la fortune des monarques et des empires?

N'a-t-elle pas sauvé la France en lui rendant son Roi, et renversant elle-même dans sa justice celui qu'elle avait élevé dans sa colère?

Achevons son ouvrage, en éclairant des malheureux qui s'égorgent dans les ténèbres, au milieu des tombeaux de leurs victimes.

Semblable à Dieu dans sa clémence, le Monarque chéri que le ciel a rendu à nos vœux, n'a fait entendre que ces mots touchans, *paix* et *pardon;* ils ont coulé de ses lèvres jusqu'au fond du cœur de tous ses sujets. Au même instant toutes les passions se sont arrêtées, les larmes du désespoir ont été changées en larmes de joie : le bonheur du présent et l'espoir de l'avenir ont rallié tous les esprits, confondu toutes les opinions...... Ah! portons avec empressement ces paroles magiques au-delà des mers, faisons entendre la voix paternelle du Monarque légitime, qui rappelle ses enfans égarés; et n'en doutons point, celui qui d'un souffle a renversé cette puissance colossale qui avait conquis l'Europe, qui semblait cimentée par le sang de tant de braves, étayée par le poids de tant d'intérêts uniformes, et défendue par tant de héros; celui-là, dis-je, à qui il n'a fallu qu'un instant pour opérer tant de prodiges, arrêtera le bras de l'homicide et de l'insensé furieux; il fera tomber le fer de sa main égarée; il changera son cœur comme il a changé celui des peuples, et rendant à la France cette précieuse portion d'elle-même, il consommera par ce dernier bienfait le grand ouvrage de sa délivrance et de sa restauration.

Mais pour arriver, sans erreurs, au but d'une si belle et si glorieuse entreprise, pour ne pas ajouter une nouvelle castatrophe à l'histoire déplorable de nos dernières tentatives, jetons un coup-d'œil sur l'état présent de Saint-Domingue; examinons quel il fut autrefois, et semblable au médecin appelé près du malade vers la dernière période de sa maladie, commençons par nous faire une juste idée du mal que nous voulons combattre. Remontons aux causes par les effets ; fouillons avec la vérité dans les ruines fumantes des cités ; interrogeons la cendre des victimes et les débris qui la recouvrent. Plus vrais que les hommes vivans, ils répondront sans passions : nous serons instruits par leur muet témoignage, qui depuis l'origine des siècles publie l'histoire sanglante des peuples, et celle non moins déplorable du cœur humain.

Pour mettre dans cet ouvrage l'ordre nécessaire, il convient d'examiner d'abord s'il importe à la France de posséder Saint-Domingue; ensuite, s'il est possible d'y retourner sans employer des moyens qui outrageraient l'humanité ou seraient incompatibles avec la dignité du Monarque.

Enfin, si dans l'état actuel de nos relations politiques, Saint-Dominque devenu paisible, réuni à la métropole, trouvera dans ses propres ressources ou dans la confiance du commerce de France, les moyens de se rétablir. J'ai pour but la solution satisfaisante de ces questions, dont il doit résulter un plan d'une exécution probable.

Saint-Domingue est-il nécessaire à la France? Pour répondre convenablement à cette question, il ne faut que présenter le tableau de

Saint-Domingue, tel qu'il était en 1789. Ici, je dois prévenir le lecteur, que n'ayant d'autres données que mes souvenirs, je n'aspire point à l'exactitude mathématique d'aucun de mes calculs. Lorsque je parlerai de la population, de la quantité des plantations et de leurs produits, je suis certain d'une exactitude approximative suffisante pour établir la vérité de mes raisonnemens : le reste appartient à l'érudition, elle est inutile où l'on n'a pas besoin d'une connaissance minutieuse. Il en sera de même de mon style que je livre d'avance à toute la critique des littérateurs. J'ai en vue de dire de bonnes choses, et non de belles paroles.

En 1790, il existait à Saint-Domingue, suivant les états du gouvernement, une population de 537,000 individus de différentes couleurs ; savoir :

  30,000 blancs,
  24,000 mulâtres,
   3,000 soldats d'Europe,
  480,000 nègres.

L'opinion publique, étayée de quelque probabilité, élevait le nombre des noirs à 500,000. En effet, la contrebande en apportait une certaine quantité, et les répandait assez promptement dans l'intérieur de l'île, pour qu'ils échapassent à l'œil des magistrats.

Les mulâtres portés à 24,000 présens, pouvaient être évalués à 30,000 au moins, à cause de la liberté qu'ils avaient de passer en France, où presque tous ceux qui avaient assez de fortune pour faire ce voyage, venaient séjourner quelque temps.

Aux 30,000 blancs portés dans les états publics, il faut joindre encore environ 20,000 matelots, qui se trouvaient presque continuellement dans les ports à bord des bâtimens de guerre et de commerce que le service de la marine et l'exploitation de l'île y entretenait.

Aux 3,000 soldats, on peut ajouter environ 7,000 individus tant militaires qu'administrateurs, voyageurs, pacotilleurs et autres. Le total de la population était donc, suivant l'estimation publique, de 600,000 individus.

Des 60,000 blancs qui en faisaient partie, 30,000 environ étaient répartis dans les villes et sur les plantations occupées du commerce et de la culture.

Celle-ci consistait en

	qui faisaient		valant environ	Argent de la colonie.	Argent de France.
431 plantations de sucre terré.		58,642,214		51,000,000	34,000,000
362 *idem* brut.		86,549,829		42,000,000	28,000,000
3117 *idem* de café		71,663,187		75,000,000	50,000,000
789 *idem* de coton.		6,698,858		15,000,000	10,000,000
3160 *idem* d'indigo.		951,607		12,000,000	8,000,000

Divers produits, tels que

Mélasse,
Rum,
Cacao,
Campêche,
Cuirs,
Bois d'acajou,
Casse et drogues,

Dont la valeur était considérable, mais dont l'évaluation ne pouvant être qu'approximative, peut être néanmoins portée à 21,000,000, ci.   21,000,000   14,000,000

TOTAL GÉNÉRAL.   216,000,000   144,000,000

Le commerce interlope et celui des Etats-Unis enlevait environ pour 10 millions de si-rops, de cotons et de denrées chargées en fraude.

Au prix où sont aujourd'hui les produits coloniaux, le revenu de Saint-Domingue, à son arrivée en Europe, pourrait être estimé, sans crainte d'erreur, à plus de deux cent millions frais de fret et d'assurance déduits.

Cent millions de sucre et dix millions de café étaient exportés en Hollande, à Hambourg et dans l'étranger, et produisaient une rentrée en valeur de 43 millions de francs.

La colonie tirait de France pour une valeur approximative de 25 millions en marchandises de ses fabriques, et 20 à 25 millions en comestibles.

Elle recevait des Etats-Unis la valeur de ses sirops en farines, bois de construction, planches, etc.

La balance du commerce de Saint-Domingue, à l'époque de 1789, était donc à peu près comme il suit :

AVOIR		DOIT	
Produits en sucre	62,000,000	Pour valeur de marchandises.	60,000,000
En café	50,000,000	Pour noirs achetés au commerce.	20,000,000
En coton	10,000,000		
En indigo	8,000,000	TOTAL	80,000,000
Divers autres produits	14,000,000		
TOTAL,	144,000,000	Balance en sa faveur.	64,000,000

Sur ces dépenses, il faut ajouter le remplacement des bestiaux, dont les naissances ne suffisaient pas à le consommation.

La balance du commerce de France était comme il suit :

Bénéfice à 20 p. ⁰⁄₀ sur 60,000,000 d'objets manufacturés, vendus par elle aux colonies. 12,000,000

Fret et assurances à 15 p.⁰⁄₀ sur 140,000,000 de denrées qu'il transportait de Saint-Dogue en France. 21,000,000

Bénéfice à 10 p. ⁰⁄₀ sur l'exportation à Hambourg, en Hollande et dans l'étranger, de
100,000,000 de sucre,
10,000,000 de café, } valant 54,000,000, ci. 5,200,000

Idem, pour les négriers, sur la vente des nègres et les retours 8,000,000

TOTAL du bénéfice fait par le commerce de France. 46,200,000

Le mouvement de ce commerce nécessitait quatre à cinq cents bâtimens, dont le tonnage s'élevait au moins à 120,000 tonneaux, et qui employaient continuellement 12 à 15 mille matelots, dont la solde et l'existence se prenaient en déduction du fret et des bénéfices de la France, et pouvaient monter à. 10 millions.

A déduire encore, pour les bâtimens, 3

Le total des frais du commerce était donc de. . . . . 13 millions.

Il restait donc en bénéfice net . . . . . . 33 millions.

Il est inutile de suivre plus loin la répartition des bénéfices jusque dans le sein des manufactures nombreuses et des ateliers divers

auxquels le commerce de Saint-Domingue as-
surait un débouché facile et lucratif.

Les matelots employés au cabotage et à la
navigation intérieure, les ouvriers des raffine-
ries, ceux des manufactures d'exportation, les
négocians, marchands-courtiers employés à la
vente, les banquiers chargés des négociations,
les voituriers employés au transport par terre,
enfin les propriétaires qui consommaient en
France le net de leur revenu, contribuaient à
faire mouvoir une roue de circulation qui vivi-
fiait nos manufactures, et procurait la subsistance à plusieurs millions d'individus de toute
profession, de tout âge et de tout sexe.

Le rétablissement de Saint-Domingue dans
son état primitif serait donc un bienfait signalé
pour la France.

Examinons maintenant quelle est sa position
actuelle.

Si je n'ai pu être littéralement exact dans le
premier tableau, j'ai bien moins de données
pour l'être dans le second.

Les premières révolutions qui se sont pas-
sées sous nos yeux sont à peine connues; et,
depuis l'expédition gigantesque et désastreuse
du général Leclerc, bien peu d'observateurs
ont été à même d'apprécier les changemens

survenus dans la statistique du pays, dans l'état de sa culture et de sa population. L'incendie des villes et des habitations destinées à l'exploitation, la guerre acharnée qui dévore ce pays infortuné depuis vingt-quatre ans, l'a converti en un vaste cimetière couvert de débris et peuplé de meurtriers.

La population blanche a disparu; à peine y compte-t-on maintenant quelques individus nés en Europe.

Les hommes de couleur, soutenus de quelques noirs et réduits à quelques milliers, luttent avec désavantage depuis dix ans contre la masse des noirs qui se sont emparés de la souveraineté de l'île.

Ceux-ci, dont le nombre s'élevait jadis à 5oo,ooo âmes, sont réduits à moins du cinquième de ce qu'ils étaient autrefois; et sur ce nombre à peine en reste-t-il 12,000 en état de porter les armes.

La culture, presque anéantie, et livrée aux soins des vieillards, des blessés, des femmes et des enfans, consiste seulement à recueillir le café qui tombe des anciennes plantations; à peine existe-t-il quelques sucreries en activité dans la partie de l'Ouest et du Sud; encore la destruction des usines, et le manque de moyens de toute espèce, a-t-il influé sur la fabrication du sucre, à tel point qu'il est devenu d'une qualité si inférieure que, depuis long-temps, Saint-Domingue reçoit de la Havane et de la Jamaï-que une grande partie de sa consommation.

Sa situation politique est peut-être encore plus effrayante. Christophe, qui s'est emparé de la souveraineté, règne en despote dans la partie du Nord; et dernièrement il vient de pousser sa conquête jusque sous les murs du Port-au-Prince.

Dans toute l'étendue de sa domination, sa volonté fait la loi; ses sujets gémissent sous le joug de fer qu'il leur a imposé. La crainte seule, et le souvenir de l'expédition du général Leclerc les retient dans une obéissance forcée.

Péthion, entouré de quelques nègres, commande sans autre titre que celui de chef de la partie de l'Ouest et du Sud; environ trois mille mulâtres se sont réunis à lui; et il existe entre son parti et celui de Christophe une guerre d'extermination.

Par-tout les campagnes sont désertes; par-tout les champs sont incultes : une anarchie complète, fruit du despotisme cruel de Christophe, et de la dépendance où Péthion se trouve de ses partisans, autorise la licence et

l'impunité ; le brigandage , le vol , et les meurtres sont fréquens entre ceux du même parti.

Saint-Domingue en ce moment n'offre plus
que des ruines. Le gouvernement, saisi par
les mains inhabiles de Christophe , entravé par
la dépendance dans celles de Péthion , est
sans énergie, sans plan , sans vigueur et sans
autorité.

Chaque malheureux , traîné de force à la culture ou dans les camps , ne travaille que par la
crainte d'être puni de mort , et ne se bat que
par force et pour éviter de tomber entre les
mains d'un ennemi dont il n'espère aucun
quartier.

Telle est à peu près aujourd'hui la situation
de Saint-Domingue : le sol le plus riche et le
plus fertile de l'univers , produit à peine de
quoi vêtir et défendre de la faim le peu d'habitans qui lui restent ; et ceux-ci , découragés ,
et continuellement tiraillés en sens contraire
de leurs désirs et de leurs affections , sont devenus indifférens à la vie, aux jouissances et
aux privations , et s'abandonnent au cours des
évènemens, faute d'entrevoir dans l'avenir s'il
leur reste encore quelque chose de plus à
craindre ou à espérer.

Dans cette situation déplorable, convient-il

à l'intérêt de la France de reconquérir Saint-Domingue, et lui reste-t-il des moyens de le rétablir ?

Certes, s'il s'agissait d'aller attaquer à force ouverte les nègres révoltés dans leur île ; s'il était question, comme les en menacent quelques personnes exagérées, d'aller leur faire une guerre d'extermination, et de ne leur proposer d'autre parti que la mort ou le retour à l'esclavage, je frémirais des maux qu'une pareille résolution ne manquerait pas d'attirer sur ma malheureuse patrie : ce serait inutilement ruiner la France, et condamner à mort l'armée entière chargée de l'expédition.

Je développerai plus bas cette opinion, déjà justifiée par la catastrophe du général Leclerc, la perte de 40,000 hommes et de 150 millions, dont la plus grande partie appartenait à l'État, et le reste au commerce.

Mais si l'on veut employer à-la-fois la raison, la douceur et la fermeté ; si l'on consent à ne plus parler d'esclavage aux nègres, à les traiter comme des hommes ; si l'on emploie avec eux l'honneur et la bonne foi, j'ose affirmer qu'il est non-seulement probable, mais certain qu'ils rentreront dans l'ordre ; et, dans ce cas, il n'y a aucun doute que la France n'ait

un grand intérêt à recouvrer cette belle possession.

On a jusqu'ici bien mal connu les nègres de
Saint-Domingue! Pour en avoir une juste idée,
il ne faut les considérer ni avec la morgue in-
sultante des anciens colons qui les regardaient
généralement comme du bétail, ni avec l'at-
tendrissement exagéré des quakers et des prétendus philantrophes anglais, qui, malgré de
beaux discours qui ne peuvent éblouir que le
vulgaire, savent modifier, suivant les circonstances, leurs grands principes d'humanité, et
pesent toujours celle qu'ils mettent réellement
en pratique au poids de leur intérêt personnel.

On a peint le nègre de Saint-Domingue
comme un être essentiellement insouciant, paresseux, gourmand et voleur, ayant besoin
d'être excité au travail par la crainte d'un châ-
timent sévère et la vigilance continuelle du
maître. Jamais portrait ne fut si ressemblant,
et jamais cependant on n'a pu donner une idée
plus fausse de la vérité.

Ceux qui n'observent que ce qui leur crève
les yeux, pour ainsi dire, qui ne voient que
la superficie des choses, ne s'aperçoivent pas
qu'ils ont peint seulement un esclave, et qu'il
suffira toujours de l'être pour ressembler à ce

portrait : quel que soit le pays et la couleur
de l'être humain que vous aurez soumis à l'entière abnégation de lui-même; que vous aurez
privé de la propriété de sa personne et de sa
volonté; que vous dépouillerez du fruit de son
travail, auquel vous enleverez, pour les vendre,
son père, sa mère, sa sœur et ses enfans, auquel vous ne présenterez jamais d'autre perspective de jouissance qu'un peu de sommeil,
et la faible portion d'alimens qui suffit pour
l'empêcher de mourir de faim, n'en doutez
point, vous aurez fait un nègre de Saint-Domingue; ou bien il avalera sa langue, ou bien
avili sous le joug pesant que vous lui aurez
imposé, il courbera sa tête en silence, et ne
la relevera plus.

L'être modifié par une cause quelconque,
cesse d'être lui pour devenir un autre; le taureau des forêts, le cheval sauvage et indompté,
ne ressemblent point au taureau domestique,
ni au cheval du laboureur.

Le nègre est un homme; convenons d'abord
de cette vérité avant de le juger : le préjugé
basé sur sa couleur, lui a long-temps disputé
cette qualité. Il suffit pour la connaître de des-
cendre du pôle vers l'équateur. La blancheur
des peuples les plus reculés au nord diminue

par degrés à mesure qu'on approche du soleil.
L'Ecossais est plus blanc qu'un Français. Ce-
lui-ci, plus blanc qu'un Espagnol; celui-là
moins noir qu'un Maure, et le Maure enfin
approche du nègre, son voisin, qui peut encore trouver, en descendant vers la ligne, des
peuples d'une teinte plus foncée que la sienne,
qui tire sur le roux cuivré.

Si la bonne foi nous guide, nous devons
convenir que la couleur, comme la noblesse,
est un don du hasard, étranger au mérite, de
même qu'aux qualités bonnes ou mauvaises de
l'individu; qu'elle peut indiquer un caractère
particulier, mais seulement comme cause oc-
casionnelle et non inhérente.

Un Nègre, un Russe, un Anglais établis en
France, garderont chacun la nuance de caractère qu'ils auront apportée de leur patrie, mais
leurs enfans seront Français, et ils auraient besoin de faire un apprentissage pour redevenir
ce qu'ils auraient été dans le pays de leurs
pères.

Le mérite moral est donc indépendant du
plus ou moins de blancheur, sans quoi les La-
pons seraient les premiers hommes du mon de.

Cette vérité démontrée, oublions maintenant (du moins pour le leur reprocher), que les nègres de Saint-Domingue ont jamais été dans l'esclavage ; jugeons les ce qu'ils sont, et non ce qu'ils ont été. .

Lorsque l'insurrection de 1791 éclata, ils étaient dans la plus parfaite et la plus profonde ignorance. Aucun d'eux ne savait écrire : l'art de la guerre leur était inconnu à tel point, que je les ai vus se réunir sous les murs du Port - au - Prince, aller ramasser une bombe qu'on avait lancée contr'eux, et qui vint à écla ter au moment où ils l'emportaient en triomphe, suspendue à un bambou qu'ils portaient sur leurs épaules !

Effrayés d'un prodige si terrible, ils fuyaient ensuite, avec la rapidité de l'éclair, lorsqu'ils venaient à rencontrer un boulet que le hasard avait placé sur leur chemin.

Dans cet état de barbarie, ces hommes qui n'avaient eu d'autre éducation que celle de l'esclavage dont la nature était abrutie par l'humiliation et le besoin, se relèvent cependant avec la fierté du courage et la fureur du désespoir : excités au meurtre, à l'incendie, à tous les genres de dévastation, par les ennemis de la France, ils ont abjuré leur paresse et leur indolence ; ils supportent les fatigues les plus inouies, endurent les privations les plus cruelles, et bravent sans armes le feu du canon qui les écrase; ils se précipitent sur les baïonnettes avec une fureur qui enfonce les rangs d'une troupe disciplinée, et restent souvent maîtres du terrain, qu'ils disputent en le couvrant de leurs cadavres.

Je les ai vus à la Croix-des-Bouquets, s'élancer par milliers, spontanément et sans aucun ordre, sur des pièces de 24 chargées à mitraille, et sans s'effrayer le moins du monde de l'horrible boucherie que renouvelait sans cesse l'effet réitéré de chaque décharge, dont il était impossible qu'une seule balle tombât par terre, rester avec sang froid exposés à ce feu le plus meurtrier que j'aie vu de ma vie, et ne céder enfin la place qu'à la conviction tardive, qu'il était impossible de prendre une batterie avec la main.

J'en appelle à tous ceux qui ont vu des armées, qui connaissent les batailles et le cœur humain. Que manquait-il à de pareils hommes ? que la blancheur, la discipline, des armes et une autre cause, pour être des soldats d'élite.

Qui pourrait maintenant reconnaître en eux ces êtres indolens, avilis, paresseux, tremblans sous le fouet du maître, et ne laissant apercevoir que les vices de l'esclavage aux yeux du

maître despotique qui leur refusait les qualités
de l'homme ?

Mais jusqu'à présent l'ivresse de la fureur et
de la vengeance est peut-être le seul principe
de l'attitude étonnante qu'ils ont prise à l'instant où ils ont brisé leurs fers : le délire de la
passion, comme celui de la fièvre, fait momentanément un athlète d'un pygmée.

Suivons-les dans le cours des terribles ca-
tastrophes de Saint-Domingue ; et sans nous
appesantir sur les détails affreux des cruautés
innombrables qui signalent le torrent de leur
marche éclairée par un incendie général, examinons s'ils ont jamais démenti leur courage
et leur activité ; et, parmi les faits les plus
connus, choisissons ceux qui peuvent carac-
tériser cette fougue impétueuse, et déterminer
si elle est le fruit de la valeur réelle, ou d'un
instinct féroce et cruel.

Bientôt nous les verrons, familiarisés avec
les armes et la tactique d'Europe, se présenter
en bataille rangée, ne céder la victoire qu'à
la supériorité du talent, et disputer par-tout
de sang-froid et d'intrépidité avec les meil-
leures troupes de France et d'Angleterre.

Sans civilisation, sans gouvernement, sans
chefs réguliers, sans instruction, sans con-

naissance des loix sociales et du droit des gens ; des hommes de la nature, livrés à eux-mêmes, excités par le ressentiment de leur ancien état, dirigés par des agitateurs soudoyés, pourraient-ils être autre chose que des meurtriers et des dévastateurs, dans les mains de la politique habile qui les faisait mouvoir à son gré ?

Pouvaient-ils faire autre chose qu'une guerre d'extermination à ceux qu'ils regardaient comme leurs tyrans, qui marchaient contr'eux armés du fouet de la vengeance, et traînant les fers qu'ils avaient brisés ?

Cependant, au milieu des cruautés qu'ils commettent, la civilisation fait des progrès rapides : une espèce d'organisation légitime est établie ; l'ordre renaît, mais il est sans cesse étouffé par la méfiance, par les vengeances particulières, et sur-tout par le manque de foi des Européens, les vexations qu'ils se permettent, la cupidité qu'ils manifestent, les cruautés qu'ils exercent et le pillage qu'ils autorisent ; alors un cri général s'élève contre l'espèce blanche : trompés, trahis, assassinés par un gouvernement qui leur avait promis la liberté sous des conditions sages, et qu'ils avaient acceptées de bonne foi, les nègres jurent une

haine éternelle aux blancs; ils font le ser-
ment de périr tous, plutôt que de les laisser
encore rentrer en souverains dans la colonie.

Si nous ne considérons que leurs crimes envers les blancs, nous les regarderons comme
des monstres; mais si l'on se rappelle qu'on
les a noyés par milliers dans des bateaux à la
Carrier, qu'on les a chassés comme des bêtes
féroces avec des chiens dressés à les poursuivre; qu'on les a fait dévorer vivans par ces
cruels animaux; qu'on les a pendus, brûlés,
mitraillés, après les avoir désarmés en vertu
de conventions militaires; qu'on les a déportés
en Europe pour les mettre en première ligne
dans les batailles; qu'on les a fait périr dans
les cachots par la faim et par les tourmens;
qu'après leur avoir assuré leur liberté, on en
a chargé des vaisssaux pour aller les vendre
dans les colonies de la terre ferme; on n'aura
plus qu'à gémir sur l'effet cruel des passions
et de la vengeance, et le philosophe ne verra
dans ce cahos de crimes, et dans le récit de
tant de fureurs, qu'une page atroce et sanglante
de l'histoire du cœur humain.

Cependant ces nègres si égarés, si coupa-
bles, ou plutôt si infortunés, déployent sou-

-vent dans leur conduite l'héroïsme du courage et de la fidélité.

La compagnie africaine, aux ordres de Phi-
libert, au Port-au-Prince, soumise à la discipline la plus sévère, ployée à la manœuvre la
plus exacte, se signale dans toutes les rencon-
tres par des prodiges de valeur.

Une compagnie de grenadiers noirs, livrée
aux Anglais par la perfidie d'un mulâtre appelé
La Pointe, se fait jour au travers de l'ennemi,
et revient à ses drapeaux.

A la Guadeloupe comme à Saint-Domingue,
le courage et l'honneur sont les guides de tous
les nègres soldats : n'ayant aucun espoir d'é-
chapper aux troupes amenées par le général
Richepanse qui venait de rapporter le décret
de la liberté des noirs, ils se font sauter au
nombre de 4 à 5oo.

Il ne manque à l'histoire de Pélage, que j'ai
connu particulièrement, pour être celle d'un
vrai chevalier français du siècle de Bayard,
que la date de sa naissance et la couleur de sa
peau.

Des traits particuliers du dévouement le plus
héroïque, de la générosité la plus noble, du
courage le plus stoïque, signalent une foule
de ces malheureux égorgés et noyés sans pitié.

pendant l'expédition du général Leclerc.

La conduite enfin des régimens noirs amenés en France, et donnés ou vendus ensuite à l'Italie et au roi de Naples, démontre évidemment combien ils ont naturellement d'élévation d'ame, de courage, de sang-froid, d'amour-propre et de fidélité.

Les régimens noirs au service de Naples ont toujours observé la discipline la plus sévère, se sont battus en héros au siége de Gaëte et dans les Calabres ; ils ignoraient le pillage et le murmure ; supportaient, sans se plaindre, le dénuement, la fatigue et la faim ; et malgré leur éloignement de leur patrie, qu'ils étaient certains de ne plus revoir, ils n'ont jamais céssé de donner les preuves d'une fidélité et d'une soumission à toute épreuve.

Quels hommes civilisés donneraient ou suivraient l'exemple de tant de sagesse et de tant de modération ? Leurs vices comme esclaves sont ceux de l'esclavage, et non de la couleur de leur peau ; mais leurs vertus et leur grandeur d'ame, en dépit de leur barbarie, de leur esclavage et de leur ignorance, sont bien certainement à eux !

O mes compatriotes ! vous avez méconnu les nègres, en les supposant, pour l'esprit ou

le cœur, inférieurs aux autres espèces d'hommes ; le préjugé de leur couleur et de leur
esclavage les a calomniés : dans toute l'Europe,
ils sont égaux aux peuples civilisés, en moyens
d'apprendre et de sentir, ils leurs sont supé-
rieurs en agilité, en sobriété, en vigueur physique ; et maintenant que leur entendement
est dégrossi par l'instruction qu'ils ont acquise
de l'étude et de l'expérience, j'ose vous pré-
dire que vous en trouverez la plus grande partie
disposée à se réunir à la métropole à des conditions raisonnables, et je pourrais affirmer
encore qu'ils seront scrupuleux observateurs
des traités, tant qu'ils seront respectés par les
blancs.

Allez-donc les trouver l'olive à la main, si
vous avez réellement l'intention de recouvrer
Saint-Domingue ; ne leur parlez plus de fouet,
ni d'esclavage ; traitez avec eux comme avec
des hommes, et vous les verrez s'empresser de
terminer leurs discordes civiles, de se soustraire à la tyrannie de leur chef, et à l'incertitude de leur destinée future.

Mais si vous prétendez en faire de nouveaux
esclaves, si, déterminés à les soumettre par la
force et non par la bonne foi et par la persuasion, vous vous présentez devant leurs ports,

avec des forces imposantes avant d'avoir pré-venu les esprits en votre faveur; soudain, ab-jurant leurs querelles particulières, pour em-brasser la défense de l'intérêt commun, ils s'élanceront sur leurs armes, brûleront leurs villes et leurs habitations; ils fuiront dans les forêts, au milieu des montagnes, d'où, tom-bant en masse comme des torrens, ils fon-dront tantôt sur un point, tantôt sur un autre; par-tout ils auront l'égalité du courage et la supériorité du nombre, parce qu'il leur sera facile de se réunir du centre qu'ils occuperont pour attaquer tous ensemble l'un des points d'une vaste circonférence : ils détruiront ainsi peu-à-peu des armées plus nombreuses qu'eux; et, si l'ardeur des chefs ou des soldats les en-traîne à poursuivre ces agiles combattans, la fatigue, le soleil et la faim hâteront leur perte inévitable, et feront justice de leurs vains efforts.

Le nègre n'a uniquement besoin que de ses armes, de son climat et de son pays, pour faire la guerre en cas d'invasion, et détruire ses ennemis.

Il ne lui faut ni vêtemens, ni souliers, ni chapeaux, ni nourriture; une racine et l'eau d'un ruisseau, voilà tout ce qu'il exige pour sa subsistance.

La nudité ne l'incommode point, elle hâte sa marche dans les forêts, soit pour l'attaque, soit pour la retraite; il glisse comme un serpent à travers les arbres les plus serrés, et la nuit, sans crainte d'être aperçu dans l'obscurité, il arrive sans bruit, surprend son ennemi, l'égorge et disparaît.

Le blanc au contraire, à besoin, pour entrer en campagne, de traîner avec lui ses vivres, ses tentes, ses vêtemens, ses munitions : il chemine avec lenteur; ne peut jamais atteindre l'ennemi dans la poursuite, périt de fatigue pendant les longues marches militaires qu'il est obligé de faire, sans chemins tracés, au milieu d'un pays sauvage, embarrassé de productions d'une végétation vigoureuse, remplis d'épines de lianes, de ronces et d'obstacles quelquefois insurmontables. Alors, s'il résiste encore à la marche, l'ardeur du soleil vient l'assaillir, la faim le tourmente, il ne peut pas, comme le nègre, manger la racine qui croît à ses pieds et qu'il ignore, et s'il boit, en marchant, l'eau froide de la fontaine, il tombe mort. Ceux qui survivent encore, après quelques jours de tourmens, affaiblis, découragés, manquant de tout, essaient de revenir sur leurs pas, et tombent immanquablement dans les mains de leurs

ennemis qui les ont suivis à vue, ou bien viennent expirer au milieu de leurs camarades ,
qu'ils effraient de leurs récits, de leur aspect et
de leur fin déplorable.

Telle est l'effrayante perspective qui se présente aux yeux de ceux qui voudront tenter de
prendre Saint-Domingue d'assaut ; hommes ,
femmes, infirmes, valides, vieillards, enfans ,
tous préféreront de périr plutôt que de retourner à l'esclavage ; et combien faudrait-il de
cent mille soldats d'Europe pour détruire cent
mille d'entr'eux, si comme ils l'ont appris de
l'expérience, ils se bornent à faire la guerre
par la fuite et par le feu ? Combien d'années
s'écouleront encore avant qu'un seul blanc
puisse reposer sa tête avec sécurité sur ce sol,
jadis habité par la paix et la tranquillité ?

L'expédition du général Leclerc avait pris
possession, je le sais, d'une grande partie de
l'île, et vous espérerez faire comme lui.

Vous le tenteriez en vain. L'expérience défendra les nègres de vos nouvelles embûches ;
et vous rougiriez aujourd'hui d'employer les
vils moyens avec lesquels on réussit alors à les
séduire, à les tromper, à les désorganiser et à
les désarmer. S'ils fussent restés unis, l'armée

du général Leclerc n'eût fait que se montrer et disparaître.....

J'ai peint les Nègres tels qu'ils sont véritablement aujourd'hui. Je suis convaincu que la force ouverte ne les réduira jamais, malgré la discorde qui les divise, malgré le mécontentement où ils sont de leur sort, et le petit nombre auquel ils sont réduits.

Je suis convaincu que les Anglais, nos amis apparens, mais nos ennemis réels, verraient avec des transports de joie, une nouvelle expédition de 40,000 hommes et de 50 millions partir pour Saint-Domingue.

Nous permettront-ils jamais de le rétablir par les autres moyens qui nous restent ? C'est un problême que je n'ose décider, mais je crois le plan que je proposerai, hors de leur puissance, et capable d'assurer pour jamais Saint-Domingue à la France, en dépit de leurs vains efforts et de toutes les circonstances.

Après avoir émis si longuement une opinion qui trouvera peut-être autant d'ennemis que de lecteurs, mais que j'ai dû développer sans ménagement, parce qu'elle est vraie, et que je devais à l'acquit de ma conscience, de n'écouter qu'elle ; je dois répondre ici d'un seul.

mot à tous ceux qui ne veulent admettre d'autres moyens de rétablir Saint-Domingue, que
par l'esclavage, et je leur dis :

Avant que de rétablir l'esclavage des nègres
à Saint-Domingue, il faut que vous y soyez
les maîtres. Eh bien, je vous déclare à la face
de mon siècle, et de tous mes contemporains,
que, fussent-ils seuls à lutter contre tous vos
efforts, vous ne parviendrez jamais ni à les
soumettre ni à les détruire.

Seriez-vous donc bien assez insensés pour
aller donner à l'Angleterre le spectacle réjouis-
sant pour elle d'une guerre aussi impolitique
qu'inutile contre des ennemis qu'il ne tient qu'à
vous d'avoir pour amis, et de tourner contre
elle pour jamais?

Avez-vous bien cru que, malgré la paix,
elle restera tranquille spectatrice d'une lutte
dont le résultat doit être si important pour ou
contr'elle ?

Doutez-vous un moment que les guinées de
Londres ne coulent à grands flots pour en-
tretenir à perpétuité le ver rongeur qui mine-
rait sourdement la France épuisée et à peine
convalescente ?

Pensez-vous que la politique anglaise ne
s'empressât pas de fournir Saint-Domingue

3

d'armes, de munitions et d'approvisionnemens de toute espèce ?

Insensés ! vous avez perdu vos revenus, les esclaves que vous aviez achetés, les propriétés que vous aviez défrichées, les villes que vous aviez bâties ; et non contens de tant de malheurs, vous voulez, dans un accès de colère impuissante, aller massacrer tout un peuple plus fort que vous, qui se rit de vos projets, et qui n'a qu'à fuir pour se défendre? Pouvez-vous oublier que la mer et les orages combattront pour lui; que le soleil, la fatigue, le climat, les montagnes, les déserts vous feront une guerre contre laquelle vous n'avez ni armes ni tactique à opposer ? Imprudens ! vous périrez tous avant d'avoir atteint votre ennemi. Vous allez chercher une conquête, vous ne trouverez que des tombeaux;

Supposons cependant, pour un moment, que vous triompherez de tant d'obstacles ; que vous débarquerez vos armées ; que vous massacrerez les cent mille noirs malheureux qui restent, ou que vous les réduirez en esclavage ;

Dans la première hypothèse, combien de temps, de vaisseaux, de matelots, de soldats et de millions dépenserez-vous ? Saint-Domingue désert, vaudra-t-il le prix auquel vous

l'aurez acheté ? Avec quoi le rétablirez-vous ?
et que vous dira votre conscience ?......

Dans la seconde, ne vous faudra-t-il pas un
gardien pour chaque esclave échappé au massacre qui précédera la conquête, et le peu qui
restera ne sera-t-il pas insuffisant pour la culture ? Irez-vous en chercher de nouveaux à la
côte d'Afrique, pendant le court espace de
temps que les Anglais vous ont accordé pour le
faire ? Où sont les capitaux nécessaires pour une
si grande entreprise ? Où sont les marchands
qui vous vendront, sur le champ, des nations
entières d'esclaves ? Et que feriez-vous d'ailleurs d'une si grande quantité d'hommes inhabiles au travail dont vous ignorerez la langue,
et qui ne pourront apprendre la vôtre ?

Vous voulez reconquérir Saint-Domingue,
vous le voulez à tout prix ? Eh bien ! apprenez-
donc qu'il ne faut pas seulement des armées,
des vaisseaux et des millions pour y parvenir.
Avant de tenter une si grande et si importante
entreprise, jetez les yeux autour de vous ; exa-
minez avant d'entreprendre, si vos projets de
restauration pourront s'encadrer sans obstacle
dans la jalouse politique de vos voisins.

Ne voyez-vous pas qu'ils ont calculé froidement d'avance, presque toutes les chances qui

vous restent, de manière à les faire tourner à votre ruine ?

Vous êtes en paix avec l'Angleterre, c'est-à-dire qu'elle ne vous fait plus la guerre à main armée ; mais les coups de sa politique vous atteignent sur toute la surface du globe. La loi qu'ils vous ont dicté de renoncer à la traite dans le délai de cinq ans ; la guerre qu'ils font à l'Amérique ; l'oppression où vous tient leur puissance maritime, et la faiblesse de la vôtre ; le plan qu'ils exécutent pour l'anéantissement des colonies occidentales, sont autant d'obstacles qu'il faut éluder ou vaincre avant de prendre un parti.

Pour déjouer leur plan, il faut le connaître ; le voici :

Souverains dans l'Inde d'un empire qu'ils peuvent rendre à volonté plus grand que l'Europe ; maîtres de la mer qui leur en assure la possession et l'exploitation facile, ils ont pensé sagement que le sacrifice des colonies occidentales mettrait toute l'Europe dans leur dépendance, et qu'ils augmenteraient le produit de leurs productions de l'Inde d'une valeur supérieure à la perte qu'ils feraient en Amérique, où ils ne possèdent d'établissemens un peu considérables, que la Jamaïque et la Tri_

nité. Pour parvenir à ce but au meilleur marché possible, ils ont commencé par approvi-
sionner ces colonies d'une quantité suffisante
de noirs, pour qu'elles puissent long-temps
se suffire à elles-mêmes. Ils l'ont fait à une
époque où les autres colonies de l'Europe,
privées des communications qui pouvaient les
alimenter d'esclaves, déchirées par les révolutions et les guerres intestines, étaient réduites
à un état déplorable et voisin de l'anéantissement.

C'est alors que leur politique habile s'est
proclamée l'avocat de l'humanité outragée par
le trafic des esclaves; c'est alors, qu'abusant
de l'influence de leur puissance maritime, ils
ont osé faire à tous les peuples la loi d'abolir
la traite.

Mais, est-ce bien par intérêt ou par vertu
qu'ils ont exigé ce sacrifice?

La pitié parle-t-elle donc si fortement au
cœur de ces prétendus philantropes en faveur
des Africains, qu'ils n'aient plus un sentiment
de justice et d'humanité à accorder à des infortunés qu'ils livrent froidement aux tortures de
la faim et de l'étouffement dans les vaisseaux
où ils entassent leurs infortunés prisonniers?

L'humanité est-elle plus souffrante, plus outragée, lorsqu'un cultivateur achète un esclave, que lorsqu'un mari anglais traîne sa femme au marché, la corde au cou, et la vend comme une bête ? Je laisse le lecteur se répondre à lui-même.

Non, sans doute, ce n'est pas l'humanité seule qui a dicté aux Anglais la mesure de l'abolition de la traite ; elle n'est que le prétexte : l'intérêt de leur puissance et de leur commerce en est le motif. Ils ont eu pour but d'augmenter la valeur de leurs colonies dans l'Inde, et la destruction des nôtres en Amérique.

Mais ce n'est pas seulement l'anéantissement de nos colonies qui sera le fruit de leur politique ; ils envisagent encore la destruction de notre marine, et l'impossibilité de la relever jamais.

En effet, que peuvent des vaisseaux sans matelots ; et où les prendre, s'ils ne se forment à la mer en navigant sur les bâtimens du commerce ?

Et quel commerce peut faire la France, si elle perd ses colonies ?

Outre les grandes calamités qui nous menacent, et qu'ils ont si habilement préparées, ils ont encore établi d'autres calculs sur la connaissance qu'ils ont de la facilité de notre ca-

ractère national. Ils ont envisagé Saint-Domingue comme un gouffre où notre précipita-
tion irait enfouir ce qui nous reste d'argent,
de crédit et de ressources : ils ont calculé que
nous irions follement y anéantir nos armées,
nos finances et nos vaisseaux.

Ah ! du moins, ne les laissons pas triompher ainsi de nous, par nous-mêmes. Si nous
devons succomber, que ce soit dans une lutte
où les braves peuvent faire payer leur défaite
au vainqueur, et céder sans honte à la force.

Employons plutôt contr'eux les armes dont
ils nous menacent. Que la politique combatte
la politique; que les vrais intérêts de la France
se fassent entendre à l'oreille du Monarque
chéri que la Providence a ramené au milieu de
nous pour fixer enfin nos destinées.

Ravissons aux Anglais l'espoir qu'ils ont
fondé sur nos discordes civiles : oublions St.-
Domingue d'autrefois ; voyons-le tel qu'il est
aujourd'hui. Conquérons ce beau pays, non
par la force des armes et de l'oppression, mais
par la sagesse et la bonne foi de nos négociations.

Cessons de penser au rétablissement de l'esclavage ; contentons-nous, pour le moment,
de le réunir à la France, d'en tirer tel parti

que permettra son état actuel, et laissons le temps et les circonstances nous préparer un plus grand succès ; mais sur-tout, n'oublions jamais que la foi des peuples et des rois doit être sacrée.

Saint-Domingue, sans esclaves, aura autant de défenseurs que d'habitans : lié à la France par la longue possession, par la conformité du langage, du caractère, des goûts et des habitudes, il lui sera fidèle en temps de guerre et se défendra lui-même. Moins onéreux à la métropole, il lui fournira, dès le principe, en temps de paix, un commerce avantageux ; en temps de guerre, un point important pour gêner l'ennemi ; et, dans tous les cas, l'avantage d'avoir des flottes, des escadres, et de former des matelots.

Consommons ce grand ouvrage, les projets de nos habiles voisins seront déjoués ; et ce qu'ils avaient préparé pour notre ruine sera la source de notre prospérité.

Mais pour y parvenir, il faut renoncer à bien des passions ; il faut oublier bien des souvenirs, consentir volontairement à bien des sacrifices qui sont déjà consommés par le fait, mais que l'amour-propre considère encore.

comme une propriété. Ayons enfin le courage
de nous exécuter nous-mêmes.

Comptons pour rien les détails, sauvons l'intérêt de la France et la dignité du Monarque ;
oublions tout le reste, et nous aurons fait
assez !

N. B. Les stipulations de l'Angleterre, aux artiles se-
crets du traité d'Amiens, confirment ses projets d'a-
néantir les colonies occidentales au profit de celles qu'elle
possède dans l'Inde.

On objectera vainement que si l'on abandonne Saint-
Domingue, il restera Cayenne : ceux qui pourraient
penser ainsi ignorent que la côte de Cayenne ne peut
recevoir des escadres, et ne réfléchissent point qu'un
pays continental est exposé à l'invasion des voisins et à
la retraite de tous les cultivateurs dans le sein des forêts, où il serait impossible d'aller les chercher, et où
ils seraient à même d'établir leur indépendance.

DEUXIÈME PARTIE.

Tout homme emporté par son énergie, qui sans calcul et sans moyens s'élance vers un but quelconque, est un fou qui devra son succès au hasard, ou sa chute à l'imprévoyance.

Celui, au contraire, qui a prévu toutes les chances, pourvu d'avance à tous ses besoins, a sur le premier l'avantage d'être prêt à se développer dans les circonstances favorables, et à diminuer l'effet de celles qui lui sont contraires.

Si le gouvernement consulaire avait fait l'application de cette vérité mathématique à son expédition du général Leclerc, elle aurait pu ne pas réussir, parce qu'elle était basée sur la rentrée des nègres dans l'esclavage; mais du moins elle eût été régulière, et l'on n'aurait pas tout perdu, hommes, argent et vaisseaux.

Le commerce n'aurait pas reçu un échec terrible, et qui l'a découragé ou réduit à l'impuissance de seconder de long-temps, les efforts réparateurs du gouvernement actuel.

Nous avons aujourd'hui bien plus d'obstacles à vaincre que n'en avait Buonaparte, et moins de moyens pour y parvenir. Employons du moins ceux de la prévoyance qu'il a négligés; j'ai la confiance qu'ils suffiront pour remplacer les autres. Sur-tout discutons avant d'entreprendre, et ne le faisons que sur la probabilité du succès, après avoir étudié toutes les chances, et préparé toutes les ressources.

A l'époque de sa tentative, la colonie s'avouait encore française; elle n'était point absolument ruinée ni dépeuplée comme elle l'est aujourd'hui. Les noirs n'avaient point été proscrits en masse; on ne les avait point trompés comme on l'a fait tant de fois depuis; ils avaient encore cette confiance qu'on a noyée dans leur sang, et les Français, en abordant, débarquaient sur une terre française, au milieu d'un peuple incertain encore ou soumis, ou prêt à le devenir, si la sagesse et la politique avaient dirigé les conseils, et si l'humanité, le désintéressement et la bonne-foi eussent présidé à l'exécution.

Nous avions à cette époque des forces et des richesses, dont l'emploi dirigé par des hommes

habiles pouvait tout réparer : le mal n'était
pas encore à son comble ; d'ailleurs il est plus
facile de conserver que de conquérir.

Saint-Domingue existait alors : il n'est plus
maintenant ; l'empire d'Haïti l'a remplacé.

L'opinion des noirs était dans l'attente : ils
n'avaient point de but fixe ; ils n'avaient adopté
aucun plan d'indépendance. L'idée que la
France pût jamais perdre Saint-Domingue,
était un problême. Ce qui s'est passé depuis en
a fait une vérité passagère, mais dont l'existence a pris de la force dans les malheurs qui
nous ont accablé, et dans le système qui révo-
lutionne en ce moment les Amériques espagnoles.

Les Anglais n'avaient point encore établi
dans leur certitude la perte absolue de Saint-
Domingue. On n'avait point encore besoin
d'apprivoiser leur jalousie pour lui faire supporter sa résurrection. Tout était favorable
alors, et tout semble contraire aujourd'hui.
Voyons donc, avant d'aller plus loin nous perdre dans des mots sonores et des phrases inutiles, si le résultat d'un calcul exact et froid,
du pour et du contre, ne sera pas décourageant
ou désavantageux.

Voyons enfin quelle solution nous donnera

l'examen de cette proposition si importante.

Dans l'état actuel de Saint-Domingue, dans notre situation politique envers lui et vis-à-vis des autres peuples, dans notre position finan-cière, militaire et commerciale, pouvons-nous rallier Saint-Domingue à la France, et le réta-tablir avec avantage ?

Pour ne pas répondre par une inspiration d'enthousiasme à cette question, qui doit déci-der pour jamais d'un des plus grands intérêts de la France, rangeons devant nous en bataille tous les obstacles que nous aurons à combattre, et quand nous aurons fait une reconnaissance suffisante de l'ennemi, déployons nos moyens, proposons nos plans, et renonçons franche-ment à toute tentative, si nous devons y com-promettre l'honneur de la patrie, la dignité du souverain et les intérêts de l'Etat ; ou bien, marchons avec confiance, et faisons avec joie les sacrifices nécessaires, si la gloire et le bien de la France le commandent, et si la raison et la sagesse approuvent le but ou tendront nos espérances.

D'abord, comme je l'ai déjà dit plus haut, Saint-Domingue n'existe plus : l'empire d'Haïti a ses lois, ses réglemens, sa noblesse, son ar-mée et son roi.

Tant que cet ordre de choses subsistera, la France et Saint-Domingue seront étrangers l'un à l'autre; il ne peut jamais s'établir entre l'antique famille des Bourbons et celle d'un noir usurpateur, d'autre relation que celle de la clémence d'une part, et du repentir de l'autre.

Le souverain légitime ne peut traiter avec un sujet (je ne dirai plus un esclave) rebelle; les soi-disant princes noirs d'Haïti n'auront jamais l'espoir d'obtenir le consentement de nos Rois, pour venir au milieu de la pompe des cérémonies publiques, marcher leurs égaux, ou même leurs vassaux immédiats.

Il est contraire à la dignite du Monarque, à la pudeur des mœurs publiques, de consacrer par un traité quelconque l'usurpation d'une si belle province de l'empire, et d'autoriser le scandale du mélange d'un sang que la nature et les distances avaient séparé pour jamais.

L'usurpateur Christophe, assis sur un trône établi par la terreur, entouré de sang et de cadavres, soutenu par ses complices, dont il a fait des hommes puissans, des ducs, des comtes, des marquis, sera difficile à soumettre, et probablement impossible à gagner. Quand on a l'ambition du pouvoir, l'instinct de la tyrannie et l'habitude du despotisme, on renonce à vivre plutôt qu'à régner. Nous avons l'exemple récent du contraire, mais il fait exception, et non pas loi.

Ceux qui l'approchent, qui se partagent son autorité, les dignités ridicules dont il les a revêtus et les dépouilles des morts et des exilés, auront intérêt à le défendre ; ils se réuniront à lui pour s'opposer à la conquête, ainsi qu'à la négociation.

Une grande quantité de noirs, parvenus à l'aide des troubles à des grades inespérés, convaincus qu'ils ne peuvent que perdre à tout changement, lui seront également dévoués.

Ceux-ci auront une influence quelconque sur la masse des noirs, et détermineront en leur faveur, les uns par la crainte de voir renouveler les trahisons, les massacres et les déportations dont ils ont été victimes, les autres par l'espérance d'arriver, comme les premiers, au commandement, à la fortune et aux honneurs.

Il est donc raisonnable de prévoir que, surtout dans les premiers momens, toute la partie de Saint-Domingue, soumise ou occupée par Christophe, maintiendra sa révolte et son usurpation.

Leurs moyens militaires ne seraient pas suffisans pour nous résister, si nous parvenions avec sagesse à les séparer de toute communication extérieure, et à maintenir la division qui existe entre les deux partis qui se disputent l'autorité.

Mais si nous prenons l'attitude et le langage despotique des maîtres outragés; si nous publions que nous venons venger les massacres et les incendies; que nous rapportons des fers et non des lois et des conventions stables; si nous ne laissons aucune espérance de pardon à l'erreur, et de clémence à la révolte, un cri d'alarme général réunira contre nous les bourreaux et les victimes, les oppresseurs et les opprimés; ils suspendront, ils oublieront même leurs querelles et leurs intérêts particuliers, pour diriger tous leurs efforts vers une défense commune. Soldats et cultivateurs, hommes, femmes, enfans, sans distinction d'âge et de sexe, combattront jusqu'à la mort, pour nous repousser et nous détruire.

Ils brûleront leurs villes et leurs habitations, dévasteront tout à notre approche, et prendront encore une fois la fuite dans les forêts et dans les déserts, où ils seront invisibles et inexpugnables.

Du sommet de leurs montagnes, inaccessibles aux soldats d'Europe, ils observeront nos mouvemens, laisseront agir le climat et les difficultés locales, n'attaqueront qu'à coup sûr, nous épuiseront d'hommes et d'argent, par la difficulté des subsistances; et devenus habiles par l'expérience du passé, n'opposeront à notre invasion que la fuite et la profondeur des forêts.

Alors nous n'aurons pas un seul point dans l'île où nous soyons sûrs de n'être pas surpris et égorgés : il ne nous restera ni un ami ni un partisan parmi les nombreuses factions qui existent. Celui-là ralliera tout autour de lui, qui criera : Mort aux blancs ! on veut nous rendre esclaves; périssons plutôt les armes à la main.

Du centre de l'île, où ils se seront retirés, les noirs entretiendront des intelligences à l'extérieur; ils auront pour espions et pour munitionnaires tous les aventuriers qui fourmillent sans cesse autour des discordes et des révolutions. L'avidité fera braver le danger de les servir. La jalouse politique de certaines puissances alimentera sourdement leur résistance, et leur fournira, comme par le passé, sous des noms empruntés, des armes, des chefs et des vaisseaux.

Protégés par les Anglais, ils exécuteront le projet qui les occupe depuis long-temps, d'envoyer à la traite en Guinée pour grossir leur nombre et recruter des soldats.

Dans cette hypothèse, nous serons sans cesse affaiblis; eux, au contraire, sans cesse renouvelés, et cette lutte inégale, sur un théâtre éloigné de douze cents lieues de la métropole, ne présente à la probabilité d'autre issue que leur triomphe, et la ruine entière de nos espérances.

Ainsi donc nous avons à redouter, à éluder ou à vaincre, premièrement, leur réunion en une seule faction, secondement, leur communication et leur intelligence au-dehors, d'où ils tireraient des moyens et des encouragemens suffisans pour nous épuiser et nous détruire.

Suivant le plan que je me suis proposé, de présenter avec ordre et précision les faits et les motifs qui peuvent éclairer l'opinion, je dois récapituler ici, dans un court exposé, tout ce que j'ai dit plus haut, afin de le rapprocher de ce qui me reste à dire, et frapper davantage la conviction du lecteur.

Je crois avoir présenté un tableau assez exact de l'état de Saint-Domingue, pour qu'on en ait une idée.

J'ai peint les Nègres de manière à désabuser ceux qui croient encore ne trouver en eux que des esclaves timides, nonchalans, et inférieurs au reste de l'espèce humaine.

Enfin, j'ai développé leur caractère, leurs moyens, leurs ressources et leurs projets, de manière à démontrer jusqu'à l'évidence qu'une opération militaire purement de conquête sérait presque impossible, et n'aurait qu'un résultat ruineux et inutile, puisqu'elle n'aboutirait qu'à faire, à grands frais, de Saint-Domingue un désert que nous n'aurions plus les moyens de repeupler.

Par quels moyens peut-on donc espérer d'y rentrer et de le rétablir? Je vais essayer de répondre d'une manière claire et satisfaisante à cette question.

Saint-Domingue, quoiqu'il paraisse en entier révolté contre la France, et déterminé à défendre son indépendance, est en ce moment divisé par plusieurs partis, dont les deux principaux sont celui de l'usurpateur noir Christophe, et celui du mulâtre Péthion.

Le premier est en possession de tout le nord de la colonie, depuis le Cap jusqu'au Port-au-Prince.

Le second occupe l'ouest et le sud, depuis

le Port-au-Prince jusqu'aux Cayes Saint-Louis ; tous les deux se font une guerre d'extermination.

D'autres partis moins nombreux sont indépendans , et vivent comme les Arabes, de pillage et d'excursions.

Pour bien saisir la position respective des deux chefs, il faut, en quelque manière, tracer l'historique de leur rivalité, qui tient encore plus à la haine que les noirs ont pour les hommes de couleur, qu'à l'importance des intérêts qu'ils cherchent à décider par la ruine de l'un ou de l'autre, et entrer dans quelques détails sur la force réelle et politique des deux partis.

Christophe, fort de la majorité des noirs qui suivent sa fortune, ne ménage personne , gouverne despotiquement, fait des mécontens parmi les chefs subalternes , et traite son peuple plus durement qu'il ne l'a jamais été sous l'esclavage. Les noirs , sous sa domination , gémissent comme autrefois les Français sous le joug de la terreur. Mécontens de leur sort , ils sont, pour la plupart, dans des dispositions favorables à tout changement raisonnable qui améliorerait leur situation , et fixerait leur état de manière à leur assurer la vie, et une existence soumise à des lois régulières.

La haine qui existe entre les noirs et les gens de couleur, aurait déjà triomphé depuis long-temps du parti de Péthion, s'il n'avait été souvent recruté par l'émigration des mécontens qu'à fait Christophe.

Ce fait est si positif que, malgré l'intérêt puissant de Christophe à ménager ceux de son parti qui peuvent le plus facilement s'y soustraire et lui nuire, il a obligé, par son despotisme et sa cruauté, l'équipage de la seule frégate qu'il eût, et qu'il avait achetée des Anglais, à s'émigrer du Cap avec le bâtiment, et à passer dans le parti de Péthion.

Il existe donc chez Christophe un ferment facile à développer pour diminuer ses forces, et l'amener à la soumission ou à un tel état de faiblesse, qu'il soit facile d'en triompher.

Péthion au contraire, obligé par sa couleur odieuse aux noirs, de prendre des formes plus douces, de gouverner plus humainement, de caresser des hommes dont il dépend uniquement, a fait supporter plus facilement son autorité. Les noirs plus sages qu'il commande, ou les mécontens qui l'ont rejoint, craignent de tomber entre les mains de Christophe, dont ils n'espèrent point de quartier.

Cependant, leur petit nombre et la supériorité de leurs adversaires les oblige de regarder à la fin ce malheur comme inévitable, à moins que des circonstances imprévues ne viennent changer leur fortune et rétablir l'égalité.

Dans cet état de choses, Péthion, trop faible pour espérer de ne pas succomber tôt ou tard; chaque jour, à la veille de périr par suite de la versatilité d'opinion, qui est le propre de l'anarchie, regardera, j'en suis sûr, comme un bienfait, toute proposition tendante à faire cesser l'inquiétante position où il se trouve.

Péthion est un homme instruit, bon militaire, et dont l'intelligence et les moyens naturels sont au niveau de la fortune qu'il court.

Les hommes de couleur qui n'attendent que leur extermination de la lutte inégale qu'ils soutiennent depuis si long-temps avec une bravoure digne de Sparte, se précipiteront avec joie au devant de leurs libérateurs.

Les nègres qui combattent avec eux, qui ont refusé ou fui la domination de l'usurpateur, préféreront le sort assuré et tranquille qu'on leur offrirait, à la vie agitée qu'ils mènent au milieu des fatigues et des dangers, et qui suffit à peine, malgré tout leur courage pour défendre journellement leur existence précaire.

Cette situation politique des deux partis est si exacte, que déjà Péthion devançant, dit-on, les évènemens qu'il appelle du fond de son cœur, vient d'arborer le drapeau blanc, et de se déclarer soumis à la France, et sujet du Roi.

Cette démarche précipitée, avant que l'opinion du Monarque fut connue pour le maintien ou l'abolition de l'esclavage, démontre ses craintes de succomber, et le grand besoin qu'il a de nous ; elle lui a fait perdre une partie des siens, qui sont retournés chez Christophe, et cette défection l'a obligé d'abandonner l'Arcahaye, le Bois-blanc et le Cul-de-sac, et de se renfermer dans le Port-au-Prince.

Il est donc bien constant qu'en allant trouver Péthion avec des propositions raisonnables, et bâsées sur l'état actuel des choses, on aurait déjà la soumission d'une grande partie de Saint-Domingue.

Il est facile de se convaincre aussi que, vu la démarche trop précipitée qu'il s'est hâté de faire, son parti, devenu plus faible, ne pourra résister long-temps; que naturellement il doit s'affaiblir encore chaque jour par la désertion.

excitée par les alarmes que causeront aux noirs la probabilité d'une expédition d'Europe, dont ils craindront le même résultat que de celle du général Leclerc. Cet état de choses alarmant, durera jusqu'à ce qu'on les ait désabusés par des démarches solemnelles, par la promesse authentique du Monarque, et qu'on les ait rendus à la confiance par la bonne foi et le caractère public des agens qui leur seront envoyés.

Mais il est urgent de faire auprès d'eux les premières démarches; car, dans l'état où ils sont, ils ne peuvent tenir long-temps, et si Christophe profite, pour les presser vivement, de cet instant d'incertitude et d'affaiblissement, il en triomphera sans peine. Dès-lors Saint-Domingue sera perdu.

Ne négligeons donc pas le moment décisif. Hâtons-nous de porter de l'encouragement et des espérances au parti qui tient pour la France.

Jamais peut-être, il ne fut si important de prendre une résolution; et si malheureusement l'ignorance où nous sommes de la position précise de Saint-Domingue, l'épuisement de nos ressources, et nos inquiétudes politiques, nous défendent de songer d'abord à l'équipement d'une expédition suffisante, hâtons - nous du moins d'envoyer sur les lieux reconnaître l'état des choses, et préparer les voies à un arrangement qui concilie les prétentions exagérées de tous les partis; pressons-nous d'arrêter l'effusion du sang et la dépopulation qui ravage un pays à moitié détruit.

Les frais de cette démarche importante sont peu de chose, en comparaison de l'avantage qui peut en résulter; et quelque soit le succès j'ose avancer que jamais dépense n'aura été faite plus à propos pour l'honneur du royaume et le bien de l'humanité.

On doit être maintenant convaincu que le seul mot d'esclavage rangera tous les noirs sous la même bannière, puisque la supposition seule d'une expédition de France, et la crainte qu'elle ne rapportât des fers, ont ramené chez Christophe une partie des soldats de Péthion.

On doit être sûr également qu'il sera impossible de les vaincre, ou du moins inutile de les avoir vaincus.

On a dû voir encore qu'il existe dans la position même des choses à Saint-Domingue, dans l'opinion des partis, dans la lassitude de l'anarchie et le dégoût d'un état qui n'offre à la multitude des noirs que des privations, des fatigues et des dangers, un principe qui peut amener sans convulsions et sans déchiremens le retour d'un ordre de choses supportable pour tous dans le commencement, et qui ne pourrait que s'améliorer ensuite.

D'ailleurs, pour être certain de réussir en politique, à moins qu'on n'ait à faire à un homme fou ou malade, il suffit de réussir à lui persuader que son véritable intérêt est d'accepter ce qu'on lui propose; et les noirs ont en général une intelligence facile, qui doit rassurer à cet égard.

Que l'homme le plus incrédule se mette donc un instant à la place d'un de ces êtres infortunés qui se massacrent réciproquement depuis tant d'années; qu'il suppose que le Monarque français, son maître légitime, qui pourrait le punir, vienne, non-seulement pour lui pardonner, mais encore pour verser autour de lui tous les bienfaits de son cœur généreux, assurer sa liberté, son existence, le repos de sa famille et de son pays; et qu'il juge, si son véritable intérêt ne le précipitera pas aux genoux du Roi, repentant et désarmé.

Que le Monarque lui dise : Je suis votre souverain légitime, votre maître et votre Roi. J'ai le pouvoir et la justice à la main, et l'amour d'un père est dans mon cœur. Je viens vous trouver, comme je suis venu vers la Grande Patrie, les bras ouverts au repentir de mes enfans malheureux. J'ai mêlé mes larmes de tendresse à leurs larmes de joie; je les ai pressés sur mon sein, qu'ils ont déchiré de toutes les tortures de la douleur, et le bonheur de leur pardonner le mal qu'ils m'ont fait, me l'a fait oublier pour jamais.

Venez aussi, vous que je veux joindre à mon autre famille, venez, que j'essuie vos larmes, que je cicatrise vos blessures, et que je vous rende pour jamais la paix et le bonheur.

Jetez ces poignards et ces armes inutiles; désormais vous aurez un défenseur, un père dans votre Roi, et vous vivrez heureux sous la foi de sa parole inviolable.

Que l'on dise encore à ces hommes égarés et méfians : Pourquoi vous battiez-vous? pour obtenir votre liberté; eh bien! le Roi vous la donne et la garantit.

Mais que ferez-vous maintenant pour vivre? Car, si vous voulez vous soustraire à la fatigue et aux dangers de la guerre, vous ne pourrez plus exister par le pillage.

Ils vous répondront : Nous travaillerons avec tout le courage d'hommes libres qui veulent acquitter la dette de la nature envers leur famille, et celle de la reconnaissance envers leur Roi.

Eh bien, soit, vous travaillerez, vous serez payés; je garantirai votre salaire.

Que vous manquera-t-il alors pour être heureux?

Rien, diront-ils, que la bénédiction du ciel, et la conservation des jours du Monarque, à qui nous devrons tant de biens.

Mais, demandera-t-on, quel est votre plan de liberté générale? Comment concilierez-vous l'affranchissement des esclaves, avec la propriété des colons qui les ont achetés?

Je ne vois pas une grande difficulté à lever cette objection. Les colons ont acheté des esclaves qui n'existent plus, ou qui sont révoltés. Je ne dispose point de leur bien en traitant avec ceux qui restent; car bien certainement les colons ne pourront jamais les reprendre pour les atteler à leurs charrues, et les ranger sous le fouet de leur ancienne discipline.

Si, dans l'état présent des choses, ils sont réellement perdus pour eux, les colons, au contraire, gagneront à me laisser faire des ouvriers qui, d'ennemis qu'ils étaient, deviendront leurs serviteurs. Ce n'est point, au reste, par philantropie, mais par nécessité, que je conseille d'abolir l'esclavage. Les noirs esclaves, ignorant une autre existence, n'étaient pas malheureux : beaucoup étaient plus satisfaits de leur sort que nos paysans d'Europe, et tous enfin étaient beaucoup moins à plaindre en Amérique, qu'ils ne l'étaient dans leur patrie avant qu'on eût été les y chercher.

Au reste, il faut le déclarer ici une fois pour toutes, il est difficile d'être rigoureusement juste envers tout le monde, quand on veut faire la moindre entreprise particulière; et cette difficulté va jusqu'à l'impossible, s'il s'agit d'une opération d'un gouvernement, au milieu de circonstances difficiles pareilles à celles qui nous entourent.

Je n'envisage point dans mes idées les colons, les créoles, le commerce séparément; je vois l'ensemble, la France, l'honneur du Roi, et le bien général.

Je suis bien certain d'exciter des murmures et des mécontentemens; mais il suffira que je propose un moyen qui, sans blesser les convenances et la dignité du Monarque, d'accord avec l'humanité, améliore la situation de tout le monde, ou de la majorité, pour que je croie avoir été utile à l'Etat.

Aujourd'hui la France souffre, le commerce est nul ; les colons, bien éloignés de tirer un produit quelconque de leurs propriétés, ont à peine l'espoir de les revoir jamais : les noirs, manquant de tout, s'égorgent et se pillent mutuellement.

Si, par un plan quelconque, il est possible de désarmer leur fureur ; d'arrêter les torrens de sang qui coulent ; de rendre une activité quelconque au commerce ; d'améliorer la position des colons, en leur faisant recouvrer une portion de leur ancienne opulence, ne sera-t-il pas convenable de leur dire : Oubliez le passé, pour jouir du présent ; sacrifiez vos souvenirs et vos ressentimens ; vous n'aviez rien, voilà quelque chose : la modération vous dit de vous en contenter. Votre exigence et l'exagération de vos prétentions vous feront tout perdre. Il y a vingt-cinq ans que vous n'avez en propre que vos chagrins ; encore quelques années, et vous aurez une partie de vos revenus.

Ce que vous aurez perdu sera sacrifié pour

la patrie : vous lui ferez gagner en puissance ce que vous perdrez en fortune. Saint-Domingue ouvert, comme un gouffre, pour dévorer nos flottes, nos finances et nos armées, peut encore devenir une province florissante du royaume; et les ennemis qui nous ont laissé cette grande querelle de famille à terminer, dans l'espoir de nous continuer invisiblement la guerre en pleine paix, verront tous leurs projets déjoués, et notre puissance assise à Saint-Domingue, d'une manière solide pour nous, et redoutable pour eux.

Pour y parvenir, il est de la plus grande urgence de dépêcher à Saint-Domingue, auprès de Péthion, un observateur adroit et intelligent, qui prenne une connaissance exacte de l'état des choses, des forces respectives des partis, de l'opinion qui les anime, des dispositions où ils se trouvent, et qui sache pénétrer habilement quelles seraient les conditions respectives qui pourraient amener une convention conciliatoire.

Provisoirement, et sur les données qui existent, en prenant nos ressorts dans le cœur humain, nous ne devons faire aucun doute que Péthion et son parti ne se rendent à la voix de la raison et de l'autorité légitime.

Cette supposition établie, je suis convaincu qu'avec la douceur, la loyauté et la fermeté nécessaires, nous parviendrons, sans batailles, à faire la conquête de Saint-Domingue.

La première chose nécessaire serait de proclamer solennellement la garantie de la liberté des esclaves ; maintenir l'état civil aux hommes de couleur et à tous les noirs, aujourd'hui chefs, jusqu'au grade de capitaine, de même qu'à tous ceux qui sauront lire ;

Que toute l'armée noire actuellement sur pied, fait partie de l'armée française, demeure à sa solde, et sera organisée sous ses chefs actuels pour la défense de l'île, la police de l'intérieur, et faire exécuter la loi sur la culture ;

Que la province du Nord et celle du Sud conserveront des gouverneurs indigènes, tenus de se conformer aux lois et aux ordres d'un gouverneur général d'Europe, qui commanderait la province de l'Ouest ;

Que tous les noirs qui ne font point en ce moment partie de l'armée et des administrations, retourneraient à la culture sous la surveillance de la force armée ;

Que le produit de la culture serait partagé ainsi pendant cinq ans :

Un quart aux cultivateurs,

Un quart pour la solde de l'armée et des administrations,

Et les deux autres pour la caisse générale des dépenses du rétablissement de Saint-Domingue.

Les Anglais nous ont imposé la condition de cesser la traite au bout de cinq ans : le commerce de France n'a plus de capitaux à mettre dans cette opération, qui exigerait deux cents millions de francs pour remplacer tous les noirs qui existaient autrefois dans l'île.

En supposant qu'on appliquât pendant les trois premières années la moitié du revenu net des plantations abandonnées au remplacement des noirs que l'on irait chercher en Afrique, je pense que dès la seconde année Saint-Domingue pourrait fournir une somme de 50 millions employés à cet objet.

Une idée neuve et plus vraie qu'elle ne le paraîtra d'abord, est celle de choisir parmi les nègres africains de Saint-Domingue quelques hommes adroits doués d'une éloquence naturelle, et de les envoyer en Afrique solliciter leurs compatriotes à s'émigrer par peuplades pour venir jouir à Saint-Domingue des bienfaits de la civilisation.

Je connais assez le caractère des noirs pour être certain du succès d'un pareil plan, contre lequel les Anglais cesseraient de faire entendre les réclamations de l'humanité, bien qu'il déjouât complètement leur politique.

Appelant ensuite au secours de la détresse momentanée, l'industrie et les découvertes modernes d'Europe, on simplifierait tous les moyens d'exploitation , et l'on diminuerait considérablement le nombre de bras et la quantité d'animaux nécessaires.

Par exemple un moulin à sucre coûtait 25,000 francs ; il nécessitait, en outre, environ 80 mulets et plusieurs nègres occupés à les garder, à les conduire, et à les faire travailler : aujourd'hui tout ce capital peut être réduit de beaucoup. Le feu de la batterie qui cuit le sucre peut suffire à mettre en mouvement une pompe à feu, dont l'action aurait assez de force pour faire agir les cylindres de deux moulins. Le prix d'une pompe à feu de force suffisante est en Angleterre de 10,000 francs : tout ce qui tenait à l'exploitation de luxe serait sacrifié au nécessaire des premières années.

La régie du domaine chargée d'administrer les revenus de l'île et d'opérer sa restauration, devrait être composée d'hommes probes, dévoués, éclairés et vigilans.

Les nègres amenés d'Afrique devraient leur

travail gratuit contre les obligations de nourriture et d'entretien pendant douze années. Au
bout de ce temps, ils entreraient dans la classe
des cultivateurs libres, et recevraient alors,
comme eux, le prix de leur travail.

Pendant tout le temps que la colonie serait
régie par le domaine, et jusqu'à ce que l'ordre
fût établi sur des bases inébranlables, aucun
colon propriétaire ne pourrait venir d'Europe
apporter ses préjugés et ses ressentimens à la
traverse des plans qui seraient proposés et
adoptés pour le nouvel ordre de choses ; il leur
serait expressément défendu d'y rentrer. Cette
loi pourrait être modifiée par une tolérance
éclairée des délégués, qui fermeraient les yeux
sur le retour de ceux dont les principes seraient
conformes aux vues du gouvernement ; mais la
loi est nécessaire pour écarter les hommes dangereux, comprimer l'explosion de leur imagination fougueuse, et inspirer aux noirs une
confiance indispensable, qu'ils n'auront jamais
sans cette mesure rigoureuse.

Je suis certain que tout plan conçu d'après
ces bases, réussirait à relever promptement la
colonie, à la rendre plus puissante et plus
florissante que jamais, et à nous donner un
point d'appui respectable en Amérique, et hors

de la possibilité d'une invasion quelconque.

Mais, je le répète, la probité la plus scrupuleuse, l'exécution la plus minutieuse des conventions, le désintéressement des administrateurs et des gouverneurs, l'exacte discipline du soldat, sont des choses absolument nécessaires, et sans lesquelles il est inutile de tenter une entreprise qui ne pourra manquer d'échouer.

Je sais bien que tous les créoles, tous les propriétaires vont s'élever contre moi, et vont crier à l'injustice de la proposition que je fais de les tenir éloignés de la colonie jusqu'à ce que leur présence n'y soit plus un obstacle invincible à sa restauration; qu'ils se regarderont comme lésés, si l'on consacre le revenu des trois premières années à l'achat de nouveaux noirs et à la restauration des usines et des plantations. Je sais bien que je vais me faire des contradicteurs et des ennemis puissans par mon système; mais je dois dire la vérité : il n'existe aucun autre moyen probable de réussir, ni de ramener les noirs à la confiance, si les colons entrent à Saint-Domingue avec l'expédition. Leurs ressentimens, leur hauteur et leur obstination étoufferont tout germe de réconciliation; et si l'on ne reconstruit pas le matériel de l'exploitation par des moyens prompts et magiques, pour ainsi dire, on n'y réussira jamais. Je ne vois aucun autre moyen pour se procurer les immenses capitaux nécessaires, que de les prendre sur le revenu lui-même, ayant soin de n'en prélever que les frais indispensables et des secours pour aider les propriétaires indigens.

On retardera leur jouissance ; mais ou l'assurera d'une manière positive. Ma proposition leur paraîtra dure ; mais elle est dans leur véritable intérêt et dans celui de la France ; le Roi, en la faisant exécuter avec une sévérité paternelle, servira sa gloire et son peuple.

Cette circonstance, qui va décider du sort futur de Saint-Domingue, et le faire perdre pour jamais à la France ou le rétablir dans une attitude nouvelle et inconnue jusqu'à ce jour dans le système administratif et législatif des colonies, me semble d'une telle importance, que je la crois capable de porter un coup dangereux à tous nos ennemis, et d'être pour nous une source incalculable d'avantages si réels, que l'espace de quelques années suffira pour leur donner de l'influence dans la balance de nos intérêts politiques (1).

____

(1) Une réflexion bien importante et qui peut contribuer à déterminer en faveur de mon système, est celle-

Cependant il sera impossible d'aller établir une régie nationale administrative pour le

---

ci : l'opinion est révoltée peut-être du plan que je propose, de faire administrer, dans le principe, Saint-Domingue par une régie générale chargée par le Roi de sa restauration ; mais que l'on pèse attentivement ce que je vais dire : La propriété d'un terrain nu, sans cultivateurs, sans animaux, sans bâtimens, est une charge inutile dont on ne pourra tirer avantage qu'à mesure qu'on y rétablira des usines, des ateliers, et qu'on le repeuplera de bestiaux.

La presque totalité de la colonie est aujourd'hui semblable aux savannes incultes des premiers temps de la conquête.

Les bâtimens qui existaient au commencement de la révolution, ont été brûlés, les bestiaux enlevés et consommés, les ateliers dispersés par le flux et le reflux des guerres civiles ; une grande partie a péri par le sort des armes, une autre s'est émigrée, a été transportée par les propriétaires eux - mêmes aux Etats-Unis, ou dans d'autres colonies. Quelques-uns ont été vendus à la côte ferme, et amenés en Europe, où ils sont morts à la guerre. En général bien peu des noirs qui existaient en 1790, au commencement des troubles, se retrouveront encore existans ou susceptibles d'être utilisés.

Ceux qui forment aujourd'hui la majorité de la population de Saint-Domingue, sont nés dans les camps. Une partie ignore probablement à quelle habitation appartiennent ses parens, dont la plupart sont morts, et qui, dans tous les cas, sont peut-être éloignés et sans intention d'y retourner.

Quel homme serait assez habile pour se reconnaître au milieu du chaos qui environnera les premiers Français qui débarqueront dans l'île ? Comment concilier àcompte des propriétés particulières, si l'on n'est auparavant parvenu à pacifier l'île, au moins partiellement.

____

la-fois tant d'intérêts divers qui se croiseront ? Comment faire droit à tant de réclamations contradictoires qui assailliront les chefs de l'autorité ? car chacun prétendra à la possession des noirs et des bestiaux qui se trouveront encore existans. Cependant la seule chose qui pourra être démontrée sans difficulté dans les prémiers momens, sera la propriété des terres ; encore est-il possible qu'il en ait été vendu quelques - unes : alors il sera nécessaire de chercher des moyens dans la sagesse et dans la nature des circonstances pour concilier les anciens et les nouveaux propriétaires.

Dans le désordre général, où tout sera confondu, qui pourra reconnaître les noirs et les bestiaux originaires de telle ou telle habitation ? Il en est qui les ont tous perdu et qui ne réclameront pas moins que les autres ; en laissant agir les propriétaires, ils chercheront à l'envi l'un de l'autre à s'emparer des noirs, à les séduire pour les ramener de préférence chez eux, et les discordes de la jalousie et de la rivalité d'intérêt donneront naissance à de nouveaux troubles.

Le seul parti raisonnable qui se présente à l'esprit, est, comme je l'ai dit, de commencer par tout mettre dans la main juste et paternelle du gouvernement, qui, disposant de tout, utilisera tout sans confusion et sans perte de temps ; et classant peu à peu chaque objet, commencera par rendre à chaque province ce qui lui appartenait ; descendant alors par degrés des provinces aux quartiers, des quartiers aux paroisses, de celles-ci aux plantations, pourra parvenir sans trouble et sans violence à remettre chaque chose à sa place, autant du moins

Je conviens de la vérité de cette objection : aussi, tout en ayant le projet de conquérir par la raison et la douceur, en présentant à chacun des partis pour résultat d'un arrangement pacifique et conciliatoire son intérêt particulier, je pense qu'il est convenable à la dignité du Roi, et important même pour le succès de l'entreprise, de déployer l'appareil d'une force militaire imposante.

Il faudrait d'abord, avant tout, commencer par prendre avec l'Espagne et l'Angleterre quelques arrangemens préliminaires.

Avec l'Espagne, son consentement d'ouvrir à nos vaisseaux le port de Santo-Domingo, et cette province au passage de nos troupes ; sa parole de ne pas permettre à ses sujets de favoriser nos rebelles ;

Avec les Anglais obtenir la faculté de passer au travers de leur blocus imaginaire, pour aller aux Etats-Unis chercher les vivres nécessaires pour alimenter notre armée.

---

que le permettront les circonstances et les localités.

C'est alors qu'en rappelant solennellement les colons au sein de leur patrie, le gouvernement leur dira : Voilà mon ouvrage, jouissez des bienfaits de ma sagesse ; employez la vôtre à prévenir désormais les troubles dont vous avez été long-temps victimes ; rentrez dans vos biens, et soyez heureux.

Cette mesure prise ou remplacée par une autre, 4 vaisseaux, 6 frégates et 60 bâtimens suffiraient pour transporter 10,000 hommes à St.-Domingue; 12 bâtimens légers, comme bricks, goëlettes, partiraient de Saint-Domingue pour faire fonction de paquebots. Le même nombre serait également expédié de France; ils seraient, en outre de ce service, destinés à croiser autour de l'île et à intercepter toute communication.

L'armée se rendrait d'abord aux Cayes, où, après avoir publié les ordres du Roi et sa garantie de la liberté générale, elle débarquerait une partie de ses troupes sur l'île à Vache, s'entendrait avec Péthion pour la distribution du reste des forces, viendrait s'emparer de la Gonave et de la Tortue, et placer une station à la Beate.

Elle débarquerait au Port-au-Prince le gouverneur général avec une partie des troupes; le reste serait distribué sur les îles, et les bâtimens croiseurs établis à leur poste : une station serait envoyée à Santo-Domingo, et le reste de l'escadre mouillerait au Port-au-Prince.

La position militaire et la croisière établies, le système du gouvernement nouveau s'orga-

niserait sous les ordres du gouverneur général, de concert avec le gouverneur provin-
cial Péthion. La persuasion et la bonne foi seraient employées pour ramener les noirs. On
organiserait la force militaire des provinces
de l'Ouest et du Sud ; on répartirait sur les habitations les moins endommagées, tous ceux
des noirs qui ne feraient point partie de la
force armée.

Rendus à la paix, convaincus de la bonne
foi des envoyés du Roi, étroitement bloqués de
toutes parts, je suis certain que les malheureux qui gémissent sous le despotisme de Christophe, ne tarderaient pas à l'abandonner, d'autant plus promptement, que la station de la
Tortue tiendrait le Cap en respect, et lui cou-
perait toute ressource du côté de la mer.

La force armée noire, plus accoutumée à la
guerre du pays, s'avancerait peu à peu sans
chercher à combattre, et à proportion que ses
forces s'augmenteront de la diminution de
celles de Christophe, l'armée d'Europe se bor-
nerait à occuper les îles, les Cayes, Léoga-
met, le Port-au-Prince, jusqu'au moment où
l'autorité du Roi reconnue, et le gouvernement organisé par-tout, nécessiterait d'autres
mesures.

De cette manière , et toujours comme je ne cesserai de le répéter, la bonne foi, présidant aux conventions que l'on serait dans le cas de faire, on parviendra à ramener des hommes que la méfiance et la crainte éloignent de nous, et que le malheur et le besoin contribueront à en rapprocher.

A la suite des autorités civiles et militaires, des ecclésiastiques respectables , des prélats dévoués, faisant entendre, au nom du ciel, des paroles de reconciliation et de paix, acheveront de ramener le calme dans tous les cœurs, et fermeront les plaies cruelles des souvenirs.

Que l'on ajoute à tous ces moyens, ceux que les circonstances favorables peuvent amener, et je ne fais aucun doute que l'on ne demeure convaincu de la possibilité, et même de la facilité du rétablissement de Saint - Domingue.

Examinons maintenant en détail chacune des parties du plan que nous venons de parcourir en aperçu.

Nous avons vu la possibilité morale de l'exécution ; examinons si nous avons la possibilité physique.

Une expédition de dix mille hommes de troupes, prises dans l'armée, coûterait pour son équipement et sa nourriture à bord et dans la colonie, davantage qu'elle ne ferait en Europe et dans ses garnisons.

L'armement des vaisseaux et des transports serait aussi considérable. Faisons un aperçu de ces dépenses avant d'aller plus loin.

Nous avons les hommes et les vaisseaux ; il ne s'agit que de se procurer les transports, et d'ajouter au prix de leur fret, celui de l'augmentation que nécessitera l'entretien des troupes et l'armement de l'escadre.

Quatre vaisseaux montés chacun par 400 hommes d'équipage, qui coûteront de solde l'un dans l'autre à-peu-près 36 francs par mois, font. . . . . 57,600 fr.

Six frégates armées de 250 hommes d'équipage, à 36 fr. l'un dans l'autre par mois, coûteraient pour frais de solde, 54,000

Vingt - quatre avisos à 60 hommes d'équipage, l'un dans l'autre, donneraient également pour la solde de chaque mois, 51,840

Le total de la solde de l'armément serait donc de. . . 163,440

Le total des équipages étant de 4,540 hommes, leur nour-

riture, évaluée à 1 fr. 25 cent.
par jour, pour un mois, don-
nerait un total de   175,925

La solde et la nourriture des
équipages de tout l'armement,
coûterait donc par aperçu pour
une campagne de six mois. .   2,036,190

Le fret de soixante bâti-
mens destinés au transport
des troupes qui ne pour-
raient être embarquées sur les
bâtimens de guerre , peut
s'évaluer approximativement
comme suit :

Soixante bâtimens à trois
cents tonneaux feraient dix-
huit mille tonneaux, qui, au
prix de 200 fr. par tonneau
pour aller, et 50 fr. pour le
retour, donneraient la somme
de.   4,500,000

La nourriture de 10,000
hommes, calculée pour six
mois, comme celle du matelot,
à 1 fr. 25 cent., ferait. . .   2,325,000

Enfin, l'armement de quatre
vaisseaux pour le matériel ,

que j'estimerai pour ce qu'il y
aurait à débourser en argent,
à 100,000 fr. chaque. . . .   400,000
   De six frégates, à 50,000 fr.   300,000
   De vingt - quatre avisos, à
25,000 fr.   600,000

       Total général. . 10,161,190 fr.

Les armes et les munitions de guerre nécessaires, n'étant pas un objet de dépense im-
médiate et devant seulement être remplacées
dans les magasins et les arsenaux, je ne les
porte point en ligne de compte. Je n'ai établi
cet aperçu que pour savoir à-peu-près quelle
somme il serait nécessaire d'ajouter à la dépense courante pour porter 10,000 hommes à
Saint-Domingue, et les mettre à même d'agir
pour son rétablissement pendant six mois, et je
suis convaincu qu'avec la somme de 10,161,190
francs, ajoutée à celle du service courant, on
pourrait mettre dehors toute l'expédition, et
assurer sa subsistance, ses fournitures et son
armement.

Les six mois suivans exigeraient une dépense beaucoup moindre, et je suis persuadé
que déjà l'on serait encouragé par les résultats,

par l'applanissement de beaucoup de difficultés et la création d'une grande quantité de
ressources locales.

En forçant, comme je l'ai fait toute la dépense présumée, une expédition de 10,000
hommes, bien pourvue, agirait donc pendant
un an avec environ vingt millions de francs.

Cette somme, malgré notre position, ne me
semble pas au-dessus de nos forces, sur-tout
quand elle a pour but un avantage aussi important que la restauration de Saint - Domingue
sur un plan qui nous l'attacherait pour jamais.
Il sera peut-être plus difficile de former celui
d'une constitution convenable. Examinons en
détail cette nouvelle difficulté, pour y répondre.

L'intérêt apparent des colons semble au premier coup-d'œil diamétralement opposé à l'a-
bolition de l'esclavage : à les en croire, sans
esclaves, point de colonies, point de culture,
par conséquent point de revenus.

L'expérience de l'administration de Toussaint fournit la preuve du contraire, et répond
victorieusement à cette objection.

Pendant qu'il a gouverné, la colonie fut successivement envahie par les Anglais et déchirée
par les factions : on ne pouvait cultiver où l'on

se battait; mais dans les courts intervalles de calme et de suspension des hostilités, la culture était florissante, et j'ose affirmer qu'elle produisait d'avantage que dans le temps de l'esclavage, proportion gardée avec l'affaiblissement de ses moyens, et défalcation faite des accessoires qui avaient été enlevés ou détruits.

Sous le gouvernement de Toussaint, les ateliers, qui n'étaient point dispersés par les troubles, inquiétés par les armées, cultivaient avec ardeur et prouvaient, par leur exactitude au travail, que l'exploitation de Saint-Domingue n'est point incompatible avec la liberté des cultivateurs.

Ceux-ci contents de la portion de revenu qui leur était allouée, déjà suffisamment éclairés pour comprendre qu'ils ne pouvaient espérer leur subsistance et leurs commodités que de leur travail, s'étaient livrés de bonne foi à l'espérance que leur position ne changerait plus : ils en étaient satisfaits; et Saint-Domingue serait aujourd'hui florissant, si l'expédition du général Leclerc n'était venue tout bouleverser, et porter dans tous les cœurs le découragement et le désespoir.

Le code de culture adopté par Toussaint, mis en pratique pendant un certain temps, a prouvé par son succès qu'il était convenable aux circonstances, qu'il remplissait les prétentions des noirs cultivateurs, et qu'il ne nuisait point à la quantité des produits.

Le véritable intérêt des noirs, comme celui des colons, demanderait donc qu'il fût rétabli.

S'il n'existait à Saint-Domingue, en ce moment, que les noirs cultivateurs, le nom seul du Roi et l'assurance de la liberté y rétabliraient promptement l'ordre et la tranquillité; mais une grande partie d'entr'eux, promue à des grades militaires, parvenue à des fonctions honorifiques et lucratives, à désapris le travail, et ne manquera pas d'établir des prétentions probablement difficiles à concilier avec un plan quelconque d'administration intérieure.

C'est ici le cas de faire observer que, si nos mœurs et nos habitudes ont été jusqu'à présent incompatibles avec un nouvel ordre de choses impérieusement commandé par la nécessité des temps et des circonstances, nous avons du moins l'exemple de l'Amérique, de l'Espagne et du Portugal, pour nous enseigner la route que nous devons suivre.

Dans une partie de l'Amérique anglaise, les noirs et les gens de couleur sont libres, égaux en droits aux autres hommes.

Dans les colonies espagnoles et portugaises, ils parviennent même aux dignités ecclésiastiques, et ce serait peut-être un des moyens politiques les plus capables d'opérer un grand bien, que de leur accorder les mêmes avantages à Saint-Domingue.

Des ecclésiastiques noirs, élevés dans la morale de la religion et du gouvernement, persuaderaient leurs compatriotes plus facilement sans doute, que des ministres du culte envoyés d'Europe, étrangers à leurs mœurs, à leurs goûts, à leurs habitudes et à leur caractère, qu'il leur serait toujours difficile d'étudier, et peut-être impossible de jamais connaître.

Faisons donc généreusement un sacrifice indispensable, et dont la passion et le préjugé nous grossissent peut-être les conséquences.

Promettons-nous de traiter les noirs influens par leurs fonctions et leurs talens, de manière à satisfaire leur amour-propre et à dissiper leur méfiance.

Conservons-leur des places auxquelles il serait impossible de les faire renoncer; bornons-nous à nous servir d'eux-mêmes, pour en élaguer seulement ceux dont la conduite

où la morale rendra le changement nécessaire.

Une réflexion à faire ici, c'est que le noir
est essentiellement juste au fond du cœur, et
que tout ce qui sera fait dans la vue du bien
général et dans les limites des conventions
que l'on aura une fois adoptées, sera univer-
sellement approuvé.

Les noirs de l'armée qui ont changé leurs
habitudes, et qui sont incapables d'être
maintenant autre chose que des soldats, ne
pourront également être ramenés aux tra-
vaux. Eh! bien, conservons-les comme armée. S'ils sont une fois assurés de leur état
et de leurs moyens d'existence, ils établiront
l'ordre au dedans, feront exécuter la police
et la loi sur la culture, et présenteront une
force dévouée à la métropole, qui garantira
pour jamais Saint-Domingue de toute invasion étrangère.

Si leur nombre excède aujourd'hui les besoins réels, il sera facile de les réduire bientôt à la quantité nécessaire, en ne commen-
çant à les remplacer que du moment où les
cadres présenteront des vides.

Nous avons déjà surmonté de grands obstacles, écarté de puissantes difficultés; il

nous en reste une à détruire, qui peut faire écrouler tout l'édifice, si nous la laissons subsister.

Il s'agit de persuader aux propriétaires colons de renoncer à se mêler de Saint-Domingue et de sa restauration, pendant les quatre ou cinq premières années, et d'en abandonner le soin à la sollicitude du Roi et des fonctionnaires qu'il établirait à cet effet.

Je crois pouvoir assurer qu'ils n'auront pas plutôt connaissance d'une semblable opinion, qu'ils crieront à l'injustice et à l'ignorance.

Ils diront qu'eux seuls peuvent être bons juges dans leur propre cause, qu'eux seuls peuvent connaître assez leur pays et leurs esclaves, pour déterminer ce qu'il convient de faire ;

Ils prétendront qu'on n'a pas le droit de s'emparer de leurs propriétés et de les régir sans leur approbation, même pour les administrer paternellement, et les rétablir avec certitude ;

Ils répéteront que du faîte de l'opulence ils sont tombés dans le goufre d'une misère affreuse, qu'il est injuste de prolonger en employant pendant quelques années les premiers produits à la restauration générale ;

Pressés de jouir, ils voudraient devancer la marche des évènemens; prenant dans les rêves de leur imagination des espérances encore éloignées pour une réalité présente, ils agiraient sans plan, ou s'en feraient de particuliers qui ne pourraient s'accorder avec les convenances politiques du nouvel ordre de choses : anticipant sur les revenus, ils commenceront par appliquer à leurs besoins les produits qu'il serait si avantageux de réserver pour repeupler la colonie et relever ses manufactures. Ils étoufferaient dans son principe un crédit dont ils commenceraient par abuser, et que les moyens actuels du commerce ne permettent peut-être pas de faire, ou qu'il lui sera du moins impossible de continuer.

Une lenteur inévitable serait la suite évidente de cet état de choses, et les cinq années de traite permise par les Anglais, seraient écoulées, avant qu'on eût rien fait, et St.-Domingue resterait pour jamais inculte et désert.

A cet inconvénient, capable d'annuller toutes les espérances, s'en joindra d'autres non moins préjudiciables, et qui éleveront un mur d'airain entre la métropole et la colonie.

Si elle est ouverte immédiatement à tous ceux qui voudront s'y rendre, une nuée d'aventuriers et de flibustiers, d'hommes sans patrie, sans aveu, sans état et sans propriété, fondront sur Saint-Domingue comme sur une proie, et viendront de tous les points de l'Amérique et de toutes les îles qui l'environnent, se précipiter au milieu d'évènemens dont ils croiront pouvoir tirer parti aux dépens de qui il appartiendra.

Si l'on en permet seulement l'entrée aux anciens propriétaires, ils viendront heurter avec leur orgueil et leurs préjugés, tous les plans, toutes les idées, et contrarier toutes les opérations.

Leur système, constamment le même, leurs injures qu'ils ne peuvent oublier, leurs ressentimens qu'ils exerceront contre les noirs, ou dont ils les menaceront, rallumera leur haine et leur méfiance ; la tyrannie ramènera la révolte, et tout sera perdu.

Je sais quel sacrifice pénible exige en ce moment de leur part une mesure si sévère, mais indispensable. Je sais combien il en coûtera pour l'adopter, au cœur impatient du Roi, qui voudrait pouvoir d'un seul mot faire autant d'heureux qu'il a de sujets ; mais nul mortel ne peut faire qu'aujourd'hui soit demain : le temps seul peut achever l'ouvrage du temps ; il n'est pas donné à la bienfaisance des Monarques d'atteindre à la puissance de Dieu.

Appeler sa providence par leur sagesse, imiter sa bonté par leur clémence et par une sollicitude paternelle, sont les seuls moyens qu'ils puissent employer pour diriger et préserver les destinées des nations. S'ils suffisent pour autoriser l'espérance, quel autre, mieux que Louis-le-Désiré, réunit, aux vertus du cœur, les lumières capables de diriger une si importante entreprise ?

Oui, je le répète avec une entière conviction, Saint-Domingue peut être sauvé, rendu florissant pour la France, et redoutable pour ceux qui voudront nous avoir pour ennemis.

Il nous faut dépenser, je le sais, des hommes, des vaisseaux et de l'argent pour tenter cette chance, l'une des plus grandes qui puisse désormais intéresser la France devenue tranquille au milieu de l'Europe rendue à son ancien équilibre.

Mais il existe si peu de comparaison entre le sacrifice à faire et les avantages du succès,

que je ne balance point à le croire nécessaire.

Que fera la France sans colonies? Ouverte
sur trois mers, vainement appelée par la nature à jouir des bienfaits de la navigation, la
perte de Saint-Domingue la réduira pour jamais à la dépendance de l'Angleterre et de ses
escadres, à l'anéantissement de sa marine, et
à la presque nullité de son commerce. Elle
pourra faire des vaisseaux; mais ses matelots
sans pratique, ses officiers sans expérience,
n'auront que leur courage à opposer à l'ha-
bileté des manœuvres, à la précision des
mouvemens, et succomberont, malgré tout
l'héroïsme du dévouement et de la bravoure.

Saint-Domingue, au contraire, réuni à la
métropole, repeuplé d'hommes intéressés à
se défendre, deviendra puissant et redoutable
en temps de guerre, et florissant en temps
de paix.

Il alimentera nos fabriques, formera nos
marins, et nous ouvrira par suite des révolutions d'Amérique, une carrière immense de
prospérité.

En temps de guerre, dominateur du golfe
du Méxique, il nous servira pour désoler le
commerce de l'ennemi, l'inquiéter sur plu -

sieurs points, et recevoir nos escadres qui, sans lui, n'auraient d'autre retraite assurée que le port d'où elles auraient appareillé.

Enfin, Saint-Domingue, pacifié, repeuplé, régénéré, nous offrira sur tout les autres peuples, l'avantage d'être les premiers parvenus à l'état nécessaire et inévitable où doivent arriver toutes les colonies, peuplées d'esclaves qui, tôt ou tard se révolteront et s'affranchiront du joug de leurs maîtres actuels : quand cette révolution commencera chez eux, la nôtre sera terminée ; et nous serons à même alors de regagner sur eux ce qu'ils ont bénéficié sur nous, et ce que nous avons perdu sous l'empire des circonstances.

L'ordre moral rétabli à Saint-Domingue ; sa prospérité, fille de l'industrie, perfectionnée et d'une activité développée par la nécessité, inconnue jusqu'à nos jours, serait l'affaire de peu de temps. Trois récoltes du revenu d'une sucrerie suffiraient pour la mettre dans son plus grand rapport, sur-tout si l'on ne s'occupait au commencement que du nécessaire.

La confiance et les espérances venant à renaître, à mesure que l'on commencerait à s'apercevoir du succès de l'entreprise, en augmenterait les chances favorables ; et la rapidité de sa restauration serait d'autant plus accélérée, que plus de collaborateurs y prendraient une part active.

Au sortir des révolutions et des grands débats entre les peuples, il existe toujours une foule de gens privés d'emplois, partisans des entreprises, où la fortune entre pour quelque chose que leur inquiétude porte au mouvement, et que l'habitude d'une vie active rend incapables de retourner au repos des occupations privées, et de rentrer dans la sphère dont ils sont sortis.

Ces hommes, au moins inutiles, et quelque fois dangereux, semblent d'un côté formés exprès pour une pareille entreprise, tandis que de l'autre elle paraît si bien faite pour eux, qu'on dirait presque, si elle n'existait pas, qu'il faudrait l'inventer pour trouver l'emploi de leur oisiveté.

Il paraît donc convenable, sous tous les rapports, de tenter la réunion de Saint-Domingue à la France et son rétablissement ; nous en avons en main tous les moyens : habilement employés, ils triompheront de tous les obstacles. J'ai développé à cet égard l'opinion que j'ai reçue de l'expérience, de la connaissance des lieux et des choses ; j'ai parlé avec la conviction de mon cœur et de mon esprit.

Je n'ai eu en vue que d'être utile ; aucun intérêt personnel ne m'a dirigé. Je livre mes réflexions à la sagesse d'un gouvernement dont les lumières sont bien supérieures aux miennes : je serai suffisamment dédommagé de mon travail, s'il juge qu'une seule de mes idées puisse être utile.

FIN.